VAYIQRA
LE LIVRE DU LÉVITIQUE

Traduction par
ZADOC KAHN

ויקרא

TABLE DES MATIÈRES

Chapitre 1	1
Chapitre 2	4
Chapitre 3	6
Chapitre 4	8
Chapitre 5	12
Chapitre 6	16
Chapitre 7	19
Chapitre 8	23
Chapitre 9	27
Chapitre 10	30
Chapitre 11	33
Chapitre 12	38
Chapitre 13	40
Chapitre 14	46
Chapitre 15	52
Chapitre 16	56
Chapitre 17	60
Chapitre 18	63
Chapitre 19	66
Chapitre 20	70
Chapitre 21	74
Chapitre 22	77
Chapitre 23	81
Chapitre 24	86
Chapitre 25	89
Chapitre 26	95
Chapitre 27	100

CHAPITRE UN

L'Éternel appela Moïse, et lui parla, de la Tente d'assignation, en ces termes :

2 "Parle aux enfants d'Israël et dis-leur : Si quelqu'un d'entre vous veut présenter au Seigneur une offrande de bétail, c'est dans le gros ou le menu bétail que vous pourrez choisir votre offrande.

3 Si cette offrande est un holocauste pris dans le gros bétail, il l'offrira mâle, sans défaut. Il le présentera au seuil de la Tente d'assignation, pour être agréable au Seigneur.

4 Il appuiera sa main sur la tête de la victime, et elle sera agréée en sa faveur pour lui obtenir propitiation.

5 On immolera le taureau devant le Seigneur ; les fils d'Aaron, les pontifes, offriront le sang, dont ils aspergeront le tour de l'autel qui est à l'entrée de la Tente d'assignation.

6 Alors on dépouillera la victime, et on la dépècera par quartiers.

7 Les fils d'Aaron le pontife mettront du feu sur l'autel, et disposeront du bois sur ce feu ;

8 puis les fils d'Aaron, les pontifes, arrangeront les membres, la tête et la graisse sur le bois, disposé sur le feu qui sera sur l'autel.

9 On lavera dans l'eau les intestins et les jambes ; alors le pontife fera fumer le tout sur l'autel comme holocauste, combustion d'une odeur agréable au Seigneur.

10 Si l'offrande destinée à l'holocauste provient du menu bétail, des brebis ou des chèvres, on la présentera mâle, sans défaut.

11 On l'immolera au côté nord de l'autel, devant le Seigneur ; et les fils d'Aaron, les pontifes, aspergeront de son sang le tour de l'autel.

12 On la dépècera par quartiers, séparant là tête et la graisse ; le pontife les arrangera sur le bois, disposé sur le feu qui sera sur l'autel.

13 On lavera dans l'eau les intestins et les jambes ; alors le pontife offrira le tout, qu'il fera fumer sur l'autel comme étant un holocauste, combustion d'une odeur agréable au Seigneur.

14 Si c'est un oiseau qu'on veut offrir en holocauste au Seigneur, qu'on choisisse l'offrande parmi les tourterelles ou les jeunes colombes.

15 Le pontife la présentera à l'autel et lui rompra la tête, qu'il fera fumer sur l'autel après que son sang aura été exprimé sur la paroi de l'autel.

16 Il enlèvera le jabot avec ses plumes, et le jettera à côté de l'autel, à l'orient, dans le dépôt des cendres.

17 Alors le pontife ouvrira l'oiseau du côté des ailes, sans les

détacher, puis le fera fumer sur l'autel, sur le bois du brasier. Ce sera un holocauste, combustion d'une odeur agréable au Seigneur.

CHAPITRE DEUX

Si une personne veut présenter une oblation au Seigneur, son offrande doit être de fleur de farine. Elle l'arrosera d'huile et mettra dessus de l'encens ;

2 puis elle l'apportera aux fils d'Aaron, aux pontifes. L'un d'eux y prendra une pleine poignée de cette farine et de cette huile, indépendamment de tout l'encens ; et il fera fumer ce mémorial sur l'autel, combustion d'un parfum agréable au Seigneur.

3 Le surplus de l'oblation sera pour Aaron et ses fils : portion éminemment sainte des sacrifices brûlés devant le Seigneur.

4 Si tu veux offrir, comme oblation, des pièces de four, ce sera de la fleur de farine, en gâteaux azymes pétris avec de l'huile, ou en galettes azymes ointes d'huile.

5 Si ton offrande est une oblation préparée sur la poêle, qu'elle soit de fleur de farine pétrie dans l'huile, sans levain.

6 Qu'on la divise en morceaux, puis tu y répandras de l'huile : c'est une oblation.

7 Si ton offrande est une oblation faite dans le poêlon, elle doit se faire de fleur de farine avec de l'huile.

8 L'oblation préparée de ces diverses manières, tu l'apporteras au Seigneur : on la présentera au pontife, qui l'approchera de l'autel,

9 puis prélèvera de cette oblation le mémorial, qu'il fera fumer sur l'autel : combustion d'odeur agréable au Seigneur ;

10 et le surplus de l'oblation sera pour Aaron et ses fils, comme éminemment sainte entre les sacrifices du Seigneur.

11 Quelque oblation que vous offriez à l'Éternel, qu'elle ne soit pas fermentée ; car nulle espèce de levain ni de miel ne doit fumer, comme combustion, en l'honneur de l'Éternel.

12 Comme offrande de prémices, vous en ferez hommage à l'Éternel ; mais ils ne viendraient point sur l'autel en agréable odeur.

13 Tout ce que tu présenteras comme oblation, tu le garniras de sel, et tu n'omettras point ce sel, signe d'alliance avec ton Dieu, à côté de ton oblation : à toutes tes offrandes tu joindras du sel.

14 Lorsque tu offriras au Seigneur l'oblation des prémices, c'est en épis torréfiés au feu, réduits en gruau pur, que tu offriras l'oblation de tes prémices.

15 Tu y verseras de l'huile et y mettras de l'encens : c'est une oblation.

16 Le pontife en fera fumer le mémorial, tiré du gruau et de l'huile, indépendamment de tout l'encens : combustion en l'honneur du Seigneur.

CHAPITRE TROIS

Son offrande est-elle un sacrifice rémunératoire : s'il la tire du gros bétail, que ce soit un mâle ou une femelle, il doit la présenter sans défaut devant le Seigneur.

2 Il appuiera sa main sur la tête de sa victime, qu'on immolera à l'entrée de la Tente d'assignation ; puis les fils d'Aaron, les pontifes, aspergeront de son sang le tour de l'autel.

3 On présentera, de cette victime rémunératoire, comme combustion au Seigneur, la graisse qui recouvre les intestins, toute la graisse qui y adhère ;

4 les deux rognons avec la graisse qui y adhère du côté des flancs, puis la membrane qui tient au foie et qu'on ôtera avec les rognons.

5 Et les fils d'Aaron feront fumer ces graisses sur l'autel, près de l'holocauste déjà placé sur le bois du brasier : combustion d'une odeur agréable au Seigneur.

6 Si c'est du menu bétail qu'il veut offrir un sacrifice rémunératoire au Seigneur, il l'offrira mâle ou femelle, sans défaut.

7 Son offrande consiste-t-elle en une brebis, il la présentera devant le Seigneur,

8 appuiera sa main sur la tête de sa victime et l'immolera devant la Tente d'assignation ; puis les fils d'Aaron aspergeront de son sang le tour de l'autel.

9 On présentera, de cette victime rémunératoire, comme combustion au Seigneur, le morceau de choix : la queue, qu'on enlèvera tout entière à l'a hauteur de la vertèbre ; puis la graisse qui recouvre les intestins, toute la graisse qui y adhère,

10 les deux rognons avec la graisse qui y adhère du côté des flancs, puis la membrane du foie, qu'on ôtera avec les rognons.

11 Et le pontife les fera fumer sur l'autel, comme aliment de combustion en l'honneur du Seigneur.

12 Que si son offrande est une chèvre, il la présentera devant le Seigneur,

13 appuiera sa main sur la tête de l'animal et l'immolera devant la Tente d'assignation ; puis les fils d'Aaron aspergeront de son sang le tour de l'autel.

14 Il en prélèvera la partie à offrir, comme combustion en l'honneur du Seigneur : la graisse qui recouvre les intestins, toute la graisse qui y adhère ;

15 les deux rognons avec leur graisse du côté des flancs, et la membrane du foie, qu'il retirera avec les rognons.

16 Le pontife les fera fumer sur l'autel : c'est un aliment de combustion dont le parfum sera agréé, toute graisse étant pour le Seigneur.

17 Loi perpétuelle pour vos générations, dans toutes vos demeures : toute graisse et tout sang, vous vous abstiendrez d'en manger."

CHAPITRE QUATRE

L'Éternel parla à Moïse en ces termes :
    2 "Parle ainsi aux enfants d'Israël : lorsqu'un individu, violant par mégarde une des défenses de l'Éternel, aura agi contrairement à l'une d'elles ;

    3 si c'est le pontife-oint qui a péché, au détriment du peuple, il offrira au Seigneur, pour le péché qu'il a commis, un jeune taureau sans défaut, comme expiatoire.

    4 présentera ce taureau à l'entrée de la Tente d'assignation, devant le Seigneur, appuiera sa main sur la tête du taureau, et l'immolera devant le Seigneur.

    5 Puis le pontife-oint prendra du sang de ce taureau et l'apportera dans la Tente d'assignation ;

    6 le pontife trempera son doigt dans le sang, et il en fera aspersion sept fois devant l'Éternel, vers le voile du sanctuaire ;

    7 le pontife mettra aussi de ce sang sur les cornes de l'autel où l'on brûle les parfums devant le Seigneur, et qui est dans la Tente d'assignation ; et le reste du sang du taureau, il le jettera

dans le réceptacle de l'autel aux holocaustes, situé à l'entrée de la Tente d'assignation.

8 Alors il prélèvera toute la graisse du taureau expiatoire : la graisse qui s'étend sur les intestins, toute la graisse qui y adhère ;

9 les deux rognons, avec la graisse adjacente du côté des flancs ; et la membrane du foie, qu'il détachera avec les rognons.

10 Ces portions, prélevées comme sur la victime d'un sacrifice rémunératoire, le pontife les fera fumer sur l'autel aux holocaustes.

11 Mais la peau du taureau et toute sa chair, conjointement avec sa tête et ses jambes, ses intestins avec sa fiente,

12 bref, le taureau entier, on le transportera hors du camp, en lieu pur, au déversoir des cendres, et on le consumera sur du bois, par le feu : c'est au déversoir des cendres qu'il doit être consumé.

13 Si toute la communauté d'Israël commet une erreur, de sorte qu'un devoir se trouve méconnu par l'assemblée, que celle-ci contrevienne à quelqu'une des défenses de l'Éternel et se rende ainsi coupable ;

14 lorsqu'on aura connaissance du péché qu'on aura commis, l'assemblée offrira un jeune taureau comme expiatoire, qu'on amènera devant la Tente d'assignation.

15 Les anciens de la communauté appuieront leurs mains sur la tête du taureau, devant l'Éternel, et on immolera le taureau devant l'Éternel.,

16 Puis le pontife-oint apportera du sang de ce taureau dans la Tente d'assignation ;

17 le pontife teindra son doigt de ce sang et en fera sept aspersions devant l'Éternel, dans la direction du voile ;

18 appliquera de ce sang sur les cornes de l'autel qui est

devant le Seigneur, dans la Tente d'assignation ; et le reste du sang, il le répandra dans le réceptacle de l'autel aux holocaustes, qui est à l'entrée de la Tente d'assignation.

19 Puis, il en enlèvera toute la graisse qu'il fera fumer sur l'autel,

20 procédant pour ce taureau comme il l'a fait pour le taureau expiatoire : ainsi procédera-t-il à son égard. Et le pontife obtiendra propitiation pour eux, et il leur sera pardonné.

21 Et il fera transporter le taureau hors du camp, et il le brûlera comme il a brûlé le taureau précédent. C'est un expiatoire public.

22 Si un prince a péché en faisant, par inadvertance, quelqu'une des choses que l'Éternel son Dieu défend de faire, et se trouve ainsi en faute ;

23 s'il vient à connaître le péché qu'il a commis, il apportera pour offrande un bouc mâle sans défaut.

24 Il appuiera sa main sur la tête de ce bouc, et l'égorgera à l'endroit où l'on égorge l'holocauste, devant l'Éternel : c'est tin expiatoire.

25 Le pontife prendra, avec son doigt, du sang de l'expiatoire, qu'il appliquera sur les cornes de l'autel aux holocaustes, et il répandra le reste du sang dans le réceptacle du même autel.

26 Il en fera fumer toute la graisse sur l'autel, comme la graisse de la victime rémunératoire. Le pontife lui obtiendra ainsi propitiation pour sa faute, et elle lui sera remise.

27 Si un individu d'entre le peuple pèche par inadvertance, en faisant une des choses que l'Éternel défend de faire, et se trouve ainsi en faute ;

28 s'il vient à connaître le péché qu'il a commis, il apportera

pour son offrande une chèvre sans défaut, une femelle, à cause du péché qu'il a commis.

29 appuiera sa main sur la tête de l'expiatoire, et l'égorgera au même lieu que l'holocauste.

30 Le pontife prendra de son sang avec le doigt, et l'appliquera sur les cornes de l'autel aux holocaustes ; le reste du sang, il le jettera dans le réceptacle de l'autel.

31 Il enlèvera toute la graisse, de même que la graisse a été enlevée de la victime rémunératoire ; et le pontife la fera fumer sur l'autel, comme odeur agréable au Seigneur. Le pontife fera ainsi expiation pour lui, et il lui sera pardonné.

32 Si c'est un agneau qu'il présente comme son offrande expiatoire, il l'offrira femelle sans défaut.

33 Il appuiera sa main sur la tête de l'expiatoire, et on l'égorgera, à titre d'expiatoire, à l'endroit où l'on égorge l'holocauste.

34 Le pontife prendra, avec son doigt, du sang de l'expiatoire, qu'il appliquera sur les cornes de l'autel aux holocaustes ; et le reste du sang, il le jettera dans le réceptacle de l'autel.

35 Il enlèvera toute la graisse, comme on enlève la graisse de l'agneau dans le sacrifice rémunératoire, et le pontife la fera fumer sur l'autel parmi les combustions destinées au Seigneur. Le pontife lui obtiendra ainsi l'expiation du péché commis, et il lui sera pardonné.

CHAPITRE CINQ

"Si une personne commet un péché, en ce qu'adjurée par la voix d'un serment, quoique témoin d'un fait qu'elle a vu ou qu'elle connaît, elle ne le déclare point et se trouve ainsi chargée d'une faute ;

2 ou si quelqu'un touche à quelque objet impur, soit au cadavre d'une bête sauvage immonde, soit à celui d'un animal domestique immonde, ou à celui d'un reptile immonde, et que, sans s'en apercevoir, il se trouve ainsi souillé et coupable ;

3 ou s'il touche à une impureté humaine (quel que soit le degré de souillure qu'elle occasionne), et que, ne l'ayant pas su, il l'ait ensuite appris et soit devenu coupable ;

4 ou si quelqu'un, par un serment échappé à ses lèvres, s'est imposé un acte pénible ou agréable, selon le serment que peut proférer un homme, mais qu'il l'ait oublié, et se soit ensuite reconnu coupable sur l'un de ces points,

5 dès qu'il sera ainsi en faute à cet égard, il devra confesser son péché.

6 Il offrira pour son délit au Seigneur, à cause du péché qu'il a commis, une femelle du menu bétail, brebis ou chèvre, comme expiatoire ; et le pontife lui procurera l'expiation de son péché.

7 Que si ses moyens ne suffisent pas pour l'achat d'une menue bête, il offrira, pour la faute qu'il a commise, deux tourterelles ou deux jeunes colombes au Seigneur : l'une comme expiatoire, l'autre comme holocauste.

8 Il les présentera au pontife, qui offrira en premier lieu l'expiatoire : il lui rompra la tête à l'endroit de la nuque, mais sans la détacher,

9 puis fera jaillir du sang de l'expiatoire sur la paroi de l'autel ; le reste du sang sera exprimé dans le réceptacle de l'autel. Ceci est un expiatoire.

10 Le second oiseau, il en fera un holocauste selon le rite. Ainsi le pontife lui obtiendra propitiation pour le péché qu'il a commis, et il lui sera pardonné.

11 Si ses moyens ne vont pas jusqu'à deux tourterelles ou deux jeunes colombes, il apportera comme offrande, pour son péché, un dixième d'épha de fleur de farine à titre d'expiatoire ; il n'y emploiera point d'huile et n'y mettra point d'encens, car c'est un expiatoire.

12 Il le présentera au pontife ; le pontife en prendra une pleine poignée comme mémorial, et la fera fumer sur l'autel parmi les combustions du Seigneur : c'est un expiatoire.

13 Le pontife lui obtiendra propitiation du péché qu'il a commis sur l'un de ces chefs, et il lui sera pardonné. Le reste appartiendra au pontife, comme pour l'oblation."

14 L'Éternel parla ainsi à Moïse :

15 "Si quelqu'un commet une faute grave en détournant, par mégarde, un des objets consacrés au Seigneur, il offrira pour ce

délit, au Seigneur, un bélier sans défaut, choisi dans le bétail, valant en argent deux sicles, au poids du sanctuaire, comme offrande délictive.

16 Quant au tort qu'il a fait au sanctuaire, il le réparera, ajoutera un cinquième en sus et le remettra au pontife ; puis le pontife fera propitiation pour lui par le bélier délictif, et il lui sera pardonné.

17 Si un individu, commettant un péché, contrevient à une des défenses de l'Éternel, et que, incertain du délit, il soit sous le poids d'une faute,

18 il apportera au pontife un bélier sans défaut, choisi dans le bétail, selon l'évaluation de l'offrande délictive ; le pontife lui obtiendra grâce pour l'erreur qu'il a commise et qu'il ignore, et il lui sera pardonné.

19 C'est une offrande délictive, l'homme étant coupable d'un délit envers l'Éternel."

20 L'Éternel parla ainsi à Moïse :

21 "Si un individu pèche et commet une faute grave envers le Seigneur, en déniant à son prochain un dépôt, ou une valeur remise en ses mains, ou un objet ravi, ou en détenant quelque chose à son prochain ;

22 ou si, ayant trouvé un objet perdu, il le nie et a recours à un faux serment ; enfin, pour un des méfaits quelconques dont l'homme peut se rendre coupable,

23 lorsqu'il aura ainsi péché et reconnu sa faute, il restituera la chose ravie, ou détenue par lui, ou le dépôt qui lui a été confié, ou l'objet perdu qu'il a trouvé.

24 De même, tout ce qu'il aurait nié sous un faux serment, il le paiera intégralement, et il y ajoutera le cinquième. Il devra le remettre à qui il appartient, du jour où il reconnaîtra sa faute.

25 Puis, il offrira pour son délit, à l'Éternel, un bélier sans défaut, choisi dans le bétail, selon le taux de l'offrande délictive, et qu'il remettra au pontife ;

26 et le pontife lui fera trouver grâce devant l'Éternel, et il recevra son pardon pour celui de ces faits dont il se sera rendu coupable."

CHAPITRE SIX

L'Éternel parla à Moïse en ces termes :

2 "Ordonne à Aaron et à ses fils ce qui suit : Ceci est la règle de l'holocauste. C'est le sacrifice qui se consume sur le brasier de l'autel, toute la nuit jusqu'au matin ; le feu de l'autel y doit brûler de même.

3 Le pontife revêtira son habit de lin, après avoir couvert sa chair du caleçon de lin ; il enlèvera sur l'autel la cendre de l'holocauste consumé par le feu, et la déposera à côté de l'autel.

4 Il dépouillera ses habits et en revêtira d'autres, pour transporter les cendres hors du camp, dans un lieu pur.

5 Quant au feu de l'autel, il doit y brûler sans s'éteindre : le pontife y allumera du bois chaque matin, y arrangera l'holocauste, y fera fumer les graisses du rémunératoire.

6 Un feu continuel sera entretenu sur l'autel, il ne devra point s'éteindre.

7 Ceci est la règle de l'oblation. Les fils d'Aaron ont à offrir en présence de l'Éternel, sur le devant de l'autel.

8 On y prélèvera une poignée de la fleur de farine de l'oblation et de son huile, puis tout l'encens qui la couvre, et l'on en fera fumer sur l'autel, comme odeur agréable, le mémorial en l'honneur de l'Éternel.

9 Ce qui en restera, Aaron et ses fils le mangeront : il sera mangé sous forme d'azymes, en lieu saint : c'est dans le parvis de la Tente d'assignation qu'on doit le consumer.

10 Il ne sera pas cuit avec du levain, étant leur portion que j'ai réservée sur mes sacrifices ; il est éminemment saint, comme l'expiatoire et le délictif.

11 Tout mâle parmi les enfants d'Aaron pourra le manger : revenu perpétuel attribué à vos générations sur les combustions de l'Éternel. Tout ce qui y touchera deviendra saint."

12 L'Éternel parla à Moïse en ces termes :

13 "Voici l'offrande qu'Aaron et ses fils présenteront au Seigneur, chacun au jour de son onction : un dixième d'êpha de fleur de farine, comme oblation, régulièrement ; la moitié le matin, l'autre moitié le soir.

14 Cette oblation, accommodée à l'huile dans une poêle, tu l'apporteras bien échaudée, pâtisserie d'oblation divisée en morceaux, que tu offriras, comme odeur agréable, à l'Éternel.

15 Tout pontife, appelé par l'onction à lui succéder parmi ses fils, fera cette oblation. Tribut invariable offert à l'Éternel, elle doit être entièrement consumée.

16 De même, toute oblation d'un pontife sera brûlée entièrement, on n'en mangera point."

17 L'Éternel parla à Moïse en ces termes :

18 "Parle ainsi à Aaron et à ses fils : Ceci est la règle de l'expiatoire. A l'endroit où est immolé l'holocauste, sera immolé l'expiatoire, devant l'Éternel : il est éminemment saint.

19 Le pontife expiateur devra le consommer ; c'est en lieu saint qu'il sera consommé, dans le parvis de la Tente d'assignation.

20 Tout ce qui sera en contact avec sa chair deviendra saint ; s'il rejaillit de son sang sur un vêtement, la place où il aura jailli sera lavée en lieu saint.

21 Un vaisseau d'argile où il aura bouilli, sera brisé ; que s'il a bouilli dans un vaisseau de cuivre, celui-ci sera nettoyé et lavé avec de l'eau.

22 Tout mâle parmi les pontifes pourra en manger ; il est éminemment saint.

23 Mais tout expiatoire dont le sang serait introduit dans la Tente d'assignation pour faire expiation dans le sanctuaire, on n'en mangera point ; il sera consumé par le feu.

CHAPITRE SEPT

"Voici maintenant la règle de l'offrande délictive : C'est une sainteté de premier ordre.

2 A l'endroit où l'on doit immoler l'holocauste, on immolera le délictif ; et l'on aspergera de son sang le tour de l'autel.

3 Puis on en offrira toutes les parties grasses : la queue, la graisse qui recouvre les intestins,

4 les deux rognons avec leur graisse, adjacente aux flancs ; et la membrane du foie, qu'on enlèvera avec les rognons.

5 Le pontife les fera fumer sur l'autel, comme combustible à l'Éternel : c'est une offrande délictive.

6 Tout mâle parmi les pontifes pourra la manger ; c'est en lieu saint qu'elle sera mangée, elle est éminemment sainte.

7 Tel l'expiatoire, tel le délictif, une même loi les régit : c'est au pontife propitiateur qu'il appartiendra.

8 Lorsqu'un pontife offrira l'holocauste d'un particulier, la peau de l'holocauste qu'il aura offert appartiendra à ce pontife.

9 Toute oblation cuite au four, ou apprêtée dans le poêlon ou sur la poêle, appartiendra en propre au pontife qui l'aura offerte.

10 Toute oblation pétrie à l'huile ou sèche appartiendra à tous les fils d'Aaron, à l'un comme à l'autre."

11 Ceci est la règle du sacrifice rémunératoire qu'on offrira à l'Éternel.

12 Si c'est par reconnaissance qu'on en fait hommage, on offrira, avec cette victime de reconnaissance, des gâteaux azymes pétris à l'huile, des galettes azymes ointes d'huile ; plus, de la fleur de farine échaudée, en gâteaux pétris à l'huile.

13 On présentera cette offrande avec des gâteaux de pain levé, pour compléter ce sacrifice, hommage de sa rémunération.

14 On prélèvera un gâteau sur chacune de ces offrandes, comme tribut à l'Éternel ; c'est au pontife qui aura répandu le sang du rémunératoire qu'il appartiendra en propre.

15 Quant à la chair de cette victime, hommage de rémunération, elle devra être mangée le jour même de l'offrande ; on n'en laissera rien pour le lendemain.

16 Que si la victime offerte est votive ou volontaire, elle devra être consommée le jour où on l'aura offerte ; le lendemain même, dans le cas où il en reste, on pourra en manger.

17 Ce qui serait resté de la chair du sacrifice, au troisième jour sera consumé par le feu.

18 Si l'on osait manger, le troisième jour, de la chair de ce sacrifice rémunératoire, il ne serait pas agréé. Il n'en sera pas tenu compte à qui l'a offert, ce sera une chose réprouvée ; et la personne qui en mangerait, en porterait la peine.

19 Si la chair avait touché à quelque impureté, on n'en mangera point, elle sera consumée par le feu ; quant à la chair pure, quiconque est pur pourra en manger.

20 La personne qui, atteinte d'une souillure, mangera de la chair du sacrifice rémunératoire, consacré à l'Éternel, cette personne sera retranchée de son peuple.

21 Si une personne a touché à quelque impureté, à une souillure humaine, ou à un animal impur, ou à quelque autre abomination immonde, et qu'elle mange de la chair du sacrifice rémunératoire, consacré à l'Éternel, cette personne sera retranchée de son peuple."

22 L'Éternel parla ainsi à Moïse :

23 "Parle aux enfants d'Israël en ces termes : Tout suif de bœuf, de brebis et de chèvre, vous n'en devez point manger.

24 Le suif d'une bête morte et celui d'une bête déchirée pourront être employés à un usage quelconque ; quant à en manger, vous n'en mangerez point.

25 Car, quiconque mangera du suif de l'animal dont l'espèce est offerte en sacrifice au Seigneur, cette personne sera retranchée de son peuple.

26 Vous ne mangerez, dans toutes vos demeures, aucune espèce de sang, soit d'oiseau, soit de quadrupède.

27 Toute personne qui aura mangé d'un sang quelconque, cette personne sera retranchée de son peuple."

28 L'Éternel parla ainsi à Moïse :

29 "Parle aux enfants d'Israël en ces termes : Celui qui fait hommage de son sacrifice rémunératoire au Seigneur doit lui présenter son offrande, prélevée sur la victime rémunératoire.

30 Ses propres mains présenteront les offrandes destinées à l'Éternel : la graisse, qu'il posera sur la poitrine, la poitrine, pour en opérer le balancement devant l'Éternel.

31 Le pontife fera fumer la graisse sur l'autel, mais la poitrine sera pour Aaron et pour ses fils.

32 Vous donnerez aussi la cuisse droite au pontife, comme portion prélevée sur vos victimes rémunératoires.

33 Celui des fils d'Aaron qui offrira le sang et la graisse du rémunératoire, la cuisse droite lui reviendra pour sa part.

34 Car cette poitrine balancée et cette cuisse prélevée, je les ai prises aux enfants d'Israël sur leurs victimes rémunératoires, et les ai assignées à Aaron le pontife et à ses fils, comme tribut invariable de la part des enfants d'Israël."

35 Telle fut la prérogative d'Aaron et celle de ses fils, à l'égard des sacrifices du Seigneur, depuis le jour où on les installa dans le sacerdoce du Seigneur.

36 C'est ce que l'Éternel ordonna de leur attribuer, le jour où il les fit sacrer, de la part des enfants d'Israël, comme règle perpétuelle pour leurs générations.

37 Tel est le rite relatif à l'holocauste, à l'oblation, à l'expiatoire et au délictif, à l'offrande inaugurale et au sacrifice rémunératoire ;

38 selon que l'Éternel le prescrivit à Moïse au Mont Sinaï, alors qu'il ordonna aux enfants d'Israël, dans le désert de Sinaï, d'apporter leurs offrandes à l'Éternel.

CHAPITRE HUIT

L'Éternel parla à Moïse en ces termes :

2 "Va prendre Aaron, et ses fils avec lui ; prends aussi les vêtements et l'huile d'onction, ainsi que le taureau expiatoire, les deux béliers et la corbeille d'azymes.

3 Assemble aussi toute la communauté à l'entrée de la Tente d'assignation."

4 Moïse se conforma à ce que l'Éternel lui avait ordonné, et la communauté s'assembla à l'entrée de la Tente d'assignation.

5 Et Moïse dit à la communauté : "Voici le cérémonial que l'Éternel a ordonné d'accomplir."

6 Alors Moïse fit approcher Aaron et ses fils, et les lava avec de l'eau.

7 Il lui passa la tunique, le ceignit de l'écharpe, le revêtit de la robe, mit l'éphod par-dessus, et l'entoura de la ceinture de l'éphod, au moyen de laquelle il fixa l'éphod autour de lui ;

8 il posa sur lui le pectoral, et ajouta au pectoral les ourîm et les toummim :

9 il mit la tiare sur sa tête, et fixa sur la tiare, du côté de la face, la plaque d'or, le saint diadème, comme l'Éternel l'avait enjoint à Moïse.

10 Puis Moïse prit l'huile d'onction, en oignit le tabernacle et tout son contenu, et les consacra ainsi ;

11 en aspergea sept fois l'autel, oignit ensuite l'autel et tous ses ustensiles, la cuve et son support, pour les consacrer ;

12 et il versa de cette huile d'onction sur la tête d'Aaron, et il l'oignit pour le consacrer.

13 Puis Moïse fit approcher les fils d'Aaron, les revêtit de tuniques, les ceignit d'écharpes et les coiffa de turbans, comme l'Éternel l'avait enjoint à Moïse.

14 Alors il fit avancer le taureau expiatoire, sur la tête duquel Aaron et ses fils appuyèrent leurs mains.

15 L'ayant égorgé, Moïse recueillit le sang, en appliqua, avec le doigt, sur les cornes de l'autel tout autour, et purifia ainsi l'autel ; puis il fit couler le sang dans le réceptacle de l'autel, qu'il consacra ainsi à la propitiation.

16 Et il prit toute la graisse des intestins, la membrane du foie, les deux rognons avec leur graisse, et les fit fumer sur l'autel.

17 Pour le taureau même, sa peau, sa chair et sa fiente, il les consuma par le feu hors du camp, comme l'Éternel l'avait prescrit à Moïse.

18 Puis il fit approcher le bélier destiné à l'holocauste ; Aaron et ses fils appuyèrent leurs mains sur la tête de ce bélier.

19 Après l'avoir égorgé, Moïse arrosa de son sang le tour de l'autel ;

20 dépeça le bélier par quartiers, et réduisit en fumée la tête, les membres et la graisse.

21 Les intestins et les jambes, il les lava dans l'eau, et fit fumer tout le bélier sur l'autel. Ce fut un holocauste d'odeur agréable, une combustion en l'honneur de l'Éternel, selon ce que l'Éternel avait prescrit à Moïse.

22 Il fit ensuite approcher le second bélier, le bélier d'inauguration ; Aaron et ses fils appuyèrent leurs mains sur la tête de ce bélier.

23 L'ayant immolé, Moïse prit de son sang, qu'il appliqua sur le lobe de l'oreille droite d'Aaron, sur le pouce de sa main droite et sur l'orteil de son pied droit ;

24 puis, faisant approcher les fils d'Aaron, Moïse mit de ce sang sur le lobe de leur oreille droite, sur le pouce de leur main droite et sur l'orteil de leur pied droit, et il répandit le sang sur le tour de l'autel.

25 Il prit les parties grasses, la queue, toute la graisse des intestins, la membrane du foie, les deux rognons avec leur graisse, ainsi que la cuisse droite ;

26 dans la corbeille d'azymes placée devant le Seigneur, il prit un gâteau azyme, un gâteau à l'huile et une galette, les joignit aux graisses et à la cuisse droite,

27 posa le tout sur les mains d'Aaron et sur les mains de ses fils, et en opéra le balancement devant l'Éternel.

28 Et Moïse reprit ces objets de dessus leurs mains, et les fit fumer sur l'autel, par-dessus l'holocauste. Ce fut une offrande inaugurale d'odeur délectable, ce fut un sacrifice à l'Éternel.

29 Moïse prit la poitrine et en fit le balancement devant l'Éternel ; cette pièce du bélier d'inauguration devint la part de Moïse, ainsi que l'Éternel l'avait ordonné à Moïse.

30 Alors Moïse prit de l'huile d'onction et du sang qui était près de l'autel et en fit aspersion sur Aaron, sur ses vêtements,

puis sur ses fils et sur les vêtements de ses fils aussi ; il consacra ainsi Aaron, ses vêtements, et avec lui ses fils et les vêtements de ses fils.

31 Et Moïse dit à Aaron et à ses fils : "Faites cuire la chair à l'entrée de la Tente d'assignation ; c'est là que vous la mangerez, avec le pain qui est dans la corbeille d'inauguration, ainsi que je l'ai ordonné en disant : Aaron et ses fils doivent la manger.

32 Ce qui restera de la chair et du pain, vous le consumerez par le feu.

33 Vous ne quitterez point le seuil de la Tente d'assignation durant sept jours, jusqu'au terme des jours de votre installation : car votre installation doit durer sept jours.

34 Comme on a procédé en ce jour, l'Éternel a ordonné qu'on procède encore, pour achever votre propitiation.

35 Vous demeurerez à l'entrée de la Tente d'assignation, jour et nuit, durant sept jours, et vous garderez l'observance du Seigneur, afin de ne pas mourir : car tel est l'ordre que j'ai reçu."

36 Aaron et ses fils exécutèrent toutes les choses que l'Éternel leur avait fait enjoindre par Moïse.

CHAPITRE NEUF

Quand on fut au huitième jour, Moïse manda Aaron et ses fils, ainsi que les anciens d'Israël,

2 et il dit à Aaron : "Prends un veau adulte pour expiatoire et un bélier pour holocauste, tous deux sans défaut, et amène-les devant l'Éternel.

3 Quant aux enfants d'Israël, tu leur parleras ainsi : Prenez un bouc pour expiatoire, un veau et un agneau âgés d'un an, sans défaut, pour holocauste ;

4 plus, un taureau et un bélier pour rémunératoire, à sacrifier en présence de l'Éternel, et une oblation pétrie à l'huile, car aujourd'hui l'Éternel doit vous apparaître."

5 On prit tout ce qu'avait ordonné Moïse, pour l'amener devant la Tente d'assignation ; toute la communauté s'approcha, et se tint debout devant l'Éternel.

6 Moïse dit : "Ceci est la chose qu'a ordonnée l'Éternel ; accomplissez-la, pour que vous apparaisse la gloire du Seigneur."

7 Et Moïse dit à Aaron : "Approche de l'autel, offre ton

expiatoire et ton holocauste, obtiens propitiation pour toi et pour le peuple ; puis, offre le sacrifice du peuple et obtiens-lui propitiation, comme l'a prescrit l'Éternel."

8 Et Aaron s'approcha de l'autel, et il immola le veau expiatoire destiné à lui-même.

9 Les fils d'Aaron lui présentèrent le sang, et il trempa son doigt dans ce sang, qu'il appliqua sur les cornes de l'autel ; et le reste du sang, il le fit couler dans le réceptacle de l'autel.

10 Puis, la graisse, les rognons et la membrane du foie de l'expiatoire, il les fit fumer sur l'autel, ainsi que l'Éternel l'avait ordonné à Moïse.

11 Pour la chair et la peau, il les consuma par le feu en dehors du camp.

12 Il immola l'holocauste ; les fils d'Aaron lui passèrent le sang, et il en arrosa le tour de l'autel.

13 Ils lui passèrent l'holocauste pièce à pièce, puis la tête, et il fit fumer le tout sur l'autel.

14 Il lava les intestins et les jambes, et les fit fumer avec l'holocauste sur l'autel.

15 Puis il présenta l'offrande du peuple. Il prit le bouc expiatoire destiné au peuple, l'égorgea et le fit servir à l'expiation comme la première victime.

16 Il offrit l'holocauste, qu'il exécuta selon la règle.

17 Il y joignit l'oblation et en prit plein sa main, portion qu'il fit fumer sur l'autel, indépendamment de l'holocauste du matin.

18 Il immola le taureau et le bélier, comme sacrifice rémunératoire du peuple ; les fils d'Aaron lui passèrent le sang, dont il arrosa le tour de l'autel ;

19 puis les graisses du taureau ; puis, du bélier, la queue, les téguments, les rognons et la membrane du foie ;

20 ils posèrent ces graisses sur les poitrines, et il fit fumer les graisses sur l'autel.

21 Quant aux poitrines et à la cuisse droite, Aaron en avait opéré le balancement devant l'Éternel, selon l'ordre de Moïse.

22 Aaron étendit ses mains vers le peuple et le bénit ; et il redescendit, après avoir offert l'expiatoire, l'holocauste et le rémunératoire.

23 Moïse et Aaron entrèrent dans la Tente d'assignation ; ils ressortirent et bénirent le peuple, et la gloire du Seigneur se manifesta au peuple entier.

24 Un feu s'élança de devant le Seigneur, et consuma, sur l'autel, l'holocauste et les graisses. A cette vue, tout le peuple jeta des cris de joie, et ils tombèrent sur leurs faces.

CHAPITRE DIX

Les fils d'Aaron, Nadab et Abihou, prenant chacun leur encensoir, y mirent du feu, sur lequel ils jetèrent de l'encens, et apportèrent devant le Seigneur un feu profane sans qu'il le leur eût commandé.

2 Et un feu s'élança de devant le Seigneur et les dévora, et ils moururent devant le Seigneur.

3 Moïse dit à Aaron : "C'est là ce qu'avait déclaré l'Éternel en disant : Je veux être sanctifié par ceux qui m'approchent et glorifié à la face de tout le peuple !" Et Aaron garda le silence.

4 Moïse appela Michaël et Elçafan, fils d'Ouzziel, oncle d'Aaron, et leur dit : "Approchez ! Emportez vos frères de devant le sanctuaire, hors du camp."

5 Ils s'avancèrent et les transportèrent dans leurs tuniques hors du camp, selon ce qu'avait dit Moïse.

6 Moïse dit à Aaron, et à Eléazar et Ithamar ses fils : "Ne découvrez point vos têtes et ne déchirez point vos vêtements, si vous ne voulez mourir et attirer la colère divine sur la commu-

nauté entière ; à vos frères, à toute la maison d'Israël, de pleurer ceux qu'a brûlés le Seigneur.

7 Et ne quittez point le seuil de la Tente d'assignation, de peur que vous ne mouriez ; car l'huile d'onction du Seigneur est sur vous." Ils se conformèrent à la parole de Moïse.

8 L'Éternel parla ainsi à Aaron :

9 "Tu ne boiras ni vin ni liqueur forte, toi non plus que tes fils, quand vous aurez à entrer dans la Tente d'assignation, afin que vous ne mouriez pas : règle perpétuelle pour vos générations ;

10 et afin de pouvoir distinguer entre le sacré et le profane, entre l'impur et ce qui est pur,

11 et instruire les enfants d'Israël dans toutes les lois que l'Éternel leur a fait transmettre par Moïse."

12 Moïse dit à Aaron ainsi qu'à Eléazar et à Ithamar, ses fils survivants :"Prenez la part d'oblation qui reste des combustions du Seigneur, et mangez-la en pains azymes à côté de l'autel, car elle est éminemment sainte.

13 Vous la mangerez donc en lieu saint, c'est ton droit et celui de tes fils sur les combustions du Seigneur ; car ainsi en ai-je reçu l'ordre.

14 Quant à la poitrine qui a été balancée et à la cuisse qui a été prélevée, vous les mangerez en lieu pur, toi ainsi que tes fils et tes filles ; car elles ont été assignées comme revenu à toi et à tes enfants, sur les sacrifices rémunératoires des enfants d'Israël.

15 Cette cuisse à prélever et cette poitrine à balancer, ils doivent les joindre aux graisses destinées au feu, pour qu'on en opère le balancement devant le Seigneur ; alors elles t'appartiendront, et de même à tes enfants, comme portion invariable, ainsi que l'a statué l'Éternel."

16 Au sujet du bouc expiatoire, Moïse fit des recherches, et il se trouva qu'on l'avait brûlé. Irrité contre Eléazar et Ithamar, les fils d'Aaron demeurés vivants, il dit :

17 "Pourquoi n'avez-vous pas mangé l'expiatoire dans le saint lieu, alors que c'est une sainteté de premier ordre, et qu'on vous l'a donné pour assumer les fautes de la communauté, pour lui obtenir propitiation devant l'Éternel ?

18 Puisque le sang de cette victime n'a pas été introduit dans le sanctuaire intérieur, vous deviez la manger dans le sanctuaire, ainsi que je l'ai prescrit !"

19 Aaron répondit à Moïse : "Certes, aujourd'hui même ils ont offert leur expiatoire et leur holocauste devant le Seigneur, et pareille chose m'est advenue ; or, si j'eusse mangé un expiatoire aujourd'hui, est-ce là ce qui plairait à l'Éternel ?"

20 Moïse entendit, et il approuva.

CHAPITRE ONZE

L'Éternel parla à Moïse et à Aaron, en leur disant :

2 "Parlez ainsi aux enfants d'Israël : voici les animaux que vous pouvez manger, entre tous les quadrupèdes qui vivent sur la terre :

3 tout ce qui a le pied corné et divisé en deux ongles, parmi les animaux ruminants, vous pouvez le manger.

4 Quant aux suivants, qui ruminent ou qui ont le pied corné, vous n'en mangerez point : le chameau, parce qu'il rumine mais n'a point le pied corné : il sera immonde pour vous ;

5 la gerboise, parce qu'elle rumine, mais n'a point le pied corné : elle sera immonde pour vous ;

6 le lièvre, parce qu'il rumine, mais n'a point le pied corné : il sera immonde pour vous ;

7 le porc, qui a bien le pied corné, qui a même le sabot bifurqué, mais qui ne rumine point : il sera immonde pour vous.

8 Vous ne mangerez point de leur chair, et vous ne toucherez point à leur cadavre : ils sont immondes pour vous.

9 Voici ce que vous pouvez manger des divers animaux aquatiques : tout ce qui, dans les eaux, mers ou rivières, est pourvu de nageoires et d'écailles, vous pouvez en manger.

10 Mais tout ce qui n'est pas pourvu de nageoires et d'écailles, dans les mers ou les rivières, soit ce qui pullule dans l'eau, soit les animaux qui l'habitent, ils vous sont abominables,

11 abominables ils resteront pour vous : ne mangez point de leur chair, et ayez leurs cadavres en abomination.

12 Tout ce qui, dans les eaux, est privé de nageoires et d'écailles, vous sera une abomination.

13 Et voici, parmi les oiseaux, ceux que vous repousserez ; on ne les mangera point, ils sont abominables : l'aigle, l'orfraie, la vallérie ;

14 le faucon et le vautour selon ses espèces ;

15 tous les corbeaux selon leurs espèces ;

16 l'autruche, l'hirondelle, la mouette, l'épervier selon ses espèces ;

17 le hibou, le cormoran, la hulotte ;

18 le porphyrion, le pélican, le percnoptère ;

19 la cigogne, le héron selon ses espèces, le tétras et la chauve-souris.

20 Tout insecte ailé qui marche sur quatre pieds vous sera une abomination.

21 Toutefois, vous pourrez manger, parmi les insectes ailés marchant sur quatre pieds, celui qui a au-dessus de ses pieds des articulations au moyen desquelles il saute sur la terre.

22 Vous pouvez donc manger les suivants : l'arbé selon ses espèces, le solam selon les siennes, le hargol selon ses espèces et le hagab selon les siennes.

23 Mais tout autre insecte ailé qui a quatre pieds, sera pour vous chose abominable.

24 Ceux qui suivent vous rendront impurs ; quiconque touchera à leur cadavre sera souillé jusqu'au soir,

25 et qui transportera quoi que ce soit de leur cadavre lavera ses vêtements, et restera souillé jusqu'au soir :

26 tout quadrupède qui a l'ongle divisé mais non fourché, ou qui ne rumine point, ceux-là sont impurs pour vous : quiconque y touchera sera souillé.

27 Tous ceux d'entre les animaux quadrupèdes qui marchent à l'aide de pattes, sont impurs pour vous : quiconque touche à leur cadavre sera souillé jusqu'au soir,

28 et qui transportera leur cadavre doit laver ses vêtements et rester souillé jusqu'au soir. Ils sont impurs pour vous.

29 Voici ceux que vous tiendrez pour impurs, parmi les reptiles qui se traînent sur la terre : la taupe, le rat, le lézard selon ses espèces ;

30 le hérisson, le crocodile, la salamandre, la limace et le caméléon.

31 Ceux-là sont impurs pour vous entre tous les reptiles : quiconque les touchera après leur mort sera souillé jusqu'au soir.

32 Tout objet sur lequel il en tomberait quelque chose après leur mort, deviendrait impur : soit ustensile de bois, soit vêtement, peau ou sac, tout objet destiné à un usage quelconque. Il doit être passé dans l'eau, restera souillé jusqu'au soir, et alors deviendra pur.

33 Que s'il en tombe quelque chose dans l'intérieur d'un vase d'argile, tout son contenu sera souillé, et le vaisseau, vous le briserez.

34 Tout aliment dont on se nourrit, une fois que l'eau l'aura

touché, sera susceptible de souillure ; toute liqueur potable sera susceptible de souillure dans un vase quelconque.

35 Tout objet sur lequel il sera tombé quelque chose de leur cadavre, sera souillé ; fût-ce un four ou un fourneau, il sera mis en pièces. Ils sont impurs, impurs ils resteront pour vous.

36 Toutefois, une source ou une citerne contenant une masse d'eau restera pure ; mais ce qui touchera au cadavre sera souillé.

37 S'il tombe de leur cadavre sur une semence végétale quelconque que l'on sème, elle restera pure.

38 Mais si de l'eau a été jetée sur un végétal, et qu'il y tombe quelque chose de leur cadavre, il sera souillé pour vous.

39 Si l'un des animaux que vous pouvez manger vient à mourir, celui qui touchera à son cadavre sera souillé jusqu'au soir.

40 Celui qui mangera de cette chair morte lavera ses vêtements, et restera souillé jusqu'au soir ; celui qui la transportera lavera ses vêtements, et restera souillé jusqu'au soir.

41 Tout reptile, qui se traîne sur le sol, est chose abominable on n'en doit pas manger.

42 Tout ce qui se traîne sur le ventre, ou se meut soit sur quatre pieds, soit sur un plus grand nombre de pieds, parmi les reptiles quelconques rampant sur le sol, vous n'en mangerez point, car ce sont choses abominables.

43 Ne vous rendez point vous-mêmes abominables par toutes ces créatures rampantes ; ne vous souillez point par elles, vous en contracteriez la souillure.

44 Car je suis l'Éternel, votre Dieu ; vous devez donc vous sanctifier et rester saints, parce que je suis saint, et ne point contaminer vos personnes par tous ces reptiles qui se meuvent sur la terre.

45 Car je suis l'Éternel, qui vous ai tirés du pays d'Égypte pour être votre Dieu ; et vous serez saints, parce que je suis saint.

46 Telle est la doctrine relative aux quadrupèdes, aux volatiles, à tous les êtres animés qui se meuvent dans les eaux, et à tous ceux qui rampent sur la terre ;

47 afin qu'on distingue l'impur d'avec le pur, et l'animal qui peut être mangé de celui qu'on ne doit pas manger."

CHAPITRE DOUZE

L'Éternel parla à Moïse en ces termes :
2 "Parle ainsi aux enfants d'Israël : lorsqu'une femme, ayant conçu, enfantera un mâle, elle sera impure durant sept jours, comme lorsqu'elle est isolée à cause de sa souffrance.

3 Au huitième jour, on circoncira l'excroissance de l'enfant.

4 Puis, trente-trois jours durant, la femme restera dans le sang de purification : elle ne touchera à rien de consacré, elle n'entrera point dans le saint lieu, que les jours de sa purification ne soient accomplis.

5 Si c'est une fille qu'elle met au monde, elle sera impure deux semaines, comme lors de son isolement ; puis, durant soixante-six jours, elle restera dans le sang de purification.

6 Quand sera accompli le temps de sa purification, pour un garçon ou pour une fille, elle apportera un agneau d'un an comme holocauste, et une jeune colombe ou une tourterelle

comme expiatoire, à l'entrée de la Tente d'assignation, et les remettra au pontife.

7 Celui-ci les offrira devant le Seigneur, fera expiation pour elle, et elle sera purifiée du flux de son sang. Telle est la règle de la femme qui enfante, qu'il s'agisse d'un garçon ou qu'il s'agisse d'une fille.

8 Si ses moyens ne lui permettent pas d'offrir un agneau, elle prendra deux tourterelles ou deux jeunes colombes, l'une pour holocauste, l'autre pour expiatoire ; et le pontife fera expiation pour elle, et elle sera purifiée."

CHAPITRE TREIZE

L'Éternel parla ainsi à Moïse et à Aaron :

2 "S'il se forme sur la peau d'un homme une tumeur, ou une dartre ou une tache, pouvant dégénérer sur cette peau en affection lépreuse, il sera présenté à Aaron le pontife ou à quelqu'un des pontifes, ses fils.

3 Le pontife examinera cette affection de la peau : si le poil qui s'y trouve est devenu blanc, et que la plaie paraisse plus profonde que la peau du corps, c'est une plaie de lèpre. Cela constaté, le pontife le déclarera impur.

4 Si c'est une tache blanche qu'on voit à la peau, mais qui ne paraisse pas plus profonde que la peau, et qu'elle n'ait pas fait blanchir le poil, le pontife séquestrera la plaie pendant sept jours.

5 Puis il l'examinera le septième jour : si la plaie lui présente le même aspect, si elle n'a pas fait de progrès sur la peau, le pontife la séquestrera une seconde fois pour sept jours.

6 Et le pontife, au septième jour, l'examinera de nouveau : si cette plaie s'est affaiblie et qu'elfe n'ait fait

aucun progrès sur la peau, le pontife la déclarera pure, c'est une simple dartre : l'homme lavera ses vêtements et sera pur.

7 Mais si cette dartre venait à s'étendre sur la peau après qu'il s'est présenté au pontife et a été déclaré pur, il se fera visiter de nouveau par le pontife.

8 Celui-ci constatera que la dartre s'est étendue sur la peau, et alors il le déclarera impur : c'est la lèpre.

9 Lorsqu'une affection lépreuse sera observée sur un individu, il sera amené devant le pontife.

10 Si le pontife remarque qu'il existe sur la peau une tumeur blanche, laquelle ait fait blanchir le poil, ou qu'une chair vive et saine existe au milieu de la tumeur,

11 c'est une lèpre invétérée dans la peau du corps, et le pontife le déclarera impur ; Il ne le séquestrera point, car il est impur.

12 Que st la lèpre va se développant sur la peau, et qu'elle couvre toute la peau affectée, depuis la tête jusqu'aux pieds, partout où atteint le regard du pontife,

13 celui-ci constatera que la lèpre a gagné tout le corps, et il déclarera cette plaie pure : elle a complètement blanchi la peau, elle est pure.

14 Mais, du moment qu'il s'y manifeste une chair vive, elle est impure.

15 Quand le pontife observera cette chair vive, il la déclarera impure : la chair vive est impure, il y a lèpre.

16 Toutefois, si cette chair vive redevient blanche, on se présentera au pontife ;

17 le pontife constatera que la plaie a tourné au blanc, et il déclarera cette plaie pure : elle est pure.

18 S'il s'est formé sur un corps, à la peau, un ulcère, et qu'il se soit guéri,

19 mais qu'au siège de cet ulcère il survienne une tumeur blanche ou une tache blanche-vermeille, on se fera visiter par le pontife.

20 Si le pontife observe qu'elle paraît plus basse que la peau et que le poil y est devenu blanc, le pontife déclarera l'homme impur : c'est une plaie de lèpre, qui s'est développée sur l'ulcère.

21 Si le pontife constate qu'elle ne renferme pas de poil blanc, qu'elle n'est pas plus basse que la peau et qu'elle est terne, il séquestrera l'homme durant sept jours.

22 Si alors elle s'est étendue sur la peau, le pontife le déclarera impur, c'est une plaie.

23 Mais la tache demeure-t-elle où elle était, sans accroissement, c'est la cicatrice de l'ulcère, et le pontife le déclarera pur.

24 Pareillement, s'il existe une brûlure à la peau d'une personne, et que cette brûlure, en se guérissant, forme une tache blanche-vermeille, ou blanche,

25 si le pontife, en l'examinant, constate que le poil, à l'endroit de la tache, est devenu blanc, et qu'elle paraît plus profonde que la peau, c'est une lèpre qui s'est développée sur la brûlure ; le pontife le déclarera impur, c'est une plaie de lèpre.

26 Si le pontife observe que la tache n'a pas de poil blanc, qu'elle n'est pas plus basse que la peau et qu'elle est terne, il séquestrera l'homme durant sept jours,

27 puis il l'examinera le septième jour. Si elle s'est étendue sur la peau, le pontife le déclarera impur, c'est une plaie de lèpre.

28 Mais si la tache est restée stationnaire, sans s'étendre sur la peau, et est demeurée terne, ce n'est que la tumeur de la

brûlure : le pontife le déclarera pur, car c'est la cicatrice de la brûlure.

29 Quand un homme ou une femme aura une plaie à la tête ou au menton,

30 si le pontife observe que cette plaie paraît plus profonde que la peau et qu'il s'y trouve du poil jaune ténu, le pontife déclarera la personne impure : c'est une teigne, c'est la lèpre de la tête ou du menton.

31 Mais si le pontife observe que cette plaie teigneuse ne paraît pas plus profonde que la peau, sans toutefois qu'il y ait du poil noir, il séquestrera la plaie teigneuse durant sept jours.

32 Et il visitera la plaie au septième jour : si la teigne n'a pas fait de progrès, si elle ne renferme pas de poil jaune, et que la teigne ne semble pas plus profonde que la peau,

33 la personne se rasera, mais elle ne rasera point la partie teigneuse ; et le pontife séquestrera cette plaie pour sept jours, une seconde fois.

34 Puis le pontife visitera la teigne au septième jour : si elle ne s'est pas étendue sur la peau et qu'elle ne paraisse pas plus profonde que celle-ci, le pontife déclarera pur l'individu, qui lavera ses vêtements et sera pur.

35 Mais si la teigne vient à s'étendre sur la peau après cette déclaration de pureté,

36 le pontife constatera que la teigne s'est étendue sur la peau ; il n'a pas à s'enquérir du poil jaune : la personne est impure.

37 Que si la teigne lui montre encore le même aspect, et qu'il y soit venu du poil noir, c'est la guérison de la teigne : elle est pure, le pontife la déclarera pure.

38 Si un homme ou une femme a la peau du corps parsemée de taches blanches,

39 et que le pontife, examinant, constate sur leur peau des taches d'un blanc obscur, c'est un exanthème qui s'est développé sur la peau : Il est pur.

40 Si la tête d'un homme se dégarnit de cheveux, celui-là n'est que chauve, il est pur.

41 Sa tête se dégarnit-elle du côté de sa face, il est demi-chauve, il est encore pur.

42 Mais s'il survient, sur le derrière ou le devant de cette tête chauve, une plaie blanche-vermeille, c'est une lèpre qui se développe sur la calvitie postérieure ou antérieure.

43 Si le pontife, en l'inspectant, observe que la tumeur de la plaie, sur le derrière ou le devant de la tête, est blanche-vermeille, comme l'aspect de la lèpre sur la peau du corps,

44 c'est un individu lépreux, il est impur : le pontife doit le déclarer impur, sa tête est le siège de la plaie.

45 Or, le lépreux chez qui l'affection est constatée, doit avoir les vêtements déchirés, la tête découverte, s'envelopper jusqu'à la moustache et crier : impur ! Impur !

46 Tant qu'il gardera cette plaie, il sera impur, parce qu'elle est impure ; il demeurera Isolé, sa résidence sera hors du camp.

47 Si une altération lépreuse a lieu dans une étoffe, étoffe de laine ou étoffe de lin,

48 ou seulement dans la chaîne ou dans la trame du lin ou de la laine, ou dans une peau, ou dans quelque ouvrage en peau ;

49 si la partie attaquée est d'un vert ou d'un rouge foncé, dans l'étoffe ou dans la peau, dans la chaîne ou dans la trame, ou dans l'objet quelconque fait de peau, c'est une plaie de lèpre, et elle sera montrée au pontife.

50 Le pontife examinera la plaie et la fera enfermer durant sept jours.

51 S'il constate, en visitant la plaie au septième jour, qu'elle a grandi dans l'étoffe, ou dans la chaîne ou la trame, ou dans la peau, à quelque ouvrage que cette peau ait été employée, c'est une lèpre corrosive que cette plaie : elle est impure.

52 On brûlera l'étoffe, ou la chaîne ou la trame, soit de laine soit de lin, ou l'objet quelconque fait de peau, qui est atteint de cette plaie ; car c'est une lèpre corrosive, elle doit être consumée par le feu.

53 Mais si le pontife observe que la plaie n'a pas grandi dans l'étoffe, dans la chaîne ou la trame, ou dans l'objet fait de peau,

54 il ordonnera qu'on lave la partie altérée ; puis il la fera de nouveau enfermer pour sept jours.

55 Si le pontife observe que cette plaie, après avoir été lavée, n'a pas changé d'aspect et qu'elle ne s'est pas agrandie, elle est impure, tu la consumeras par le feu : il y a érosion sur l'envers ou sur l'endroit de l'étoffe.

56 Mais le pontife observe-t-il que la plaie a pâli après avoir été lavée, il déchirera cette partie de l'étoffe ou de la peau, ou de la chaîne ou de la trame ;

57 et si la plaie reparaît dans l'étoffe, dans la chaîne ou dans la trame, ou dans l'objet fait de peau, c'est une recrudescence : tu dois le brûler, cet objet où gît la plaie.

58 Pour l'étoffe, la chaîne ou la trame, ou l'objet fait de peau, que tu auras lavé et d'où la plaie aura disparu, il sera lavé une seconde fois et sera pur.

59 Telle est la règle concernant l'altération lépreuse sur l'étoffe de laine ou de lin, ou sur la chaîne ou la trame, ou sur tout objet en peau, qu'il s'agira de déclarer purs ou impurs."

CHAPITRE QUATORZE

L'Éternel parla à Moïse en ces termes :

2 "Voici quelle sera la règle imposée au lépreux lorsqu'il redeviendra pur : il sera présenté au pontife.

3 Le pontife se transportera hors du camp, et constatera que la plaie de lèpre a quitté le lépreux.

4 Sur l'ordre du pontife, on apportera, pour l'homme à purifier, deux oiseaux vivants, purs ; du bois de cèdre, de l'écarlate et de l'hysope.

5 Le pontife ordonnera qu'on égorge l'un des oiseaux, au-dessus d'un vaisseau d'argile, sur de l'eau vive.

6 Pour l'oiseau vivant, il le prendra ainsi que le bois de cèdre, l'écarlate et l'hysope ; il plongera ces objets, avec l'oiseau vivant, dans le sang de l'oiseau égorgé, qui s'est mêlé à l'eau vive ;

7 en fera sept aspersions sur celui qui se purifie de la lèpre, et, l'ayant purifié, lâchera l'oiseau vivant dans la campagne.

8 Celui qui se purifie lavera ses vêtements, se rasera tout le

poil, se baignera et deviendra pur. Il pourra alors rentrer dans le camp, mais il restera sept jours hors de sa tente.

9 Puis, le septième jour, il se rasera tout le poil : sa chevelure, sa barbe, ses sourcils, tout son poil ; il lavera ses vêtements, baignera son corps dans l'eau, et deviendra pur.

10 Le huitième jour, il prendra deux agneaux sans défaut, et une brebis âgée d'un an, sans défaut ; plus, trois dixièmes de fleur de farine pétrie à l'huile, comme oblation, et un log d'huile.

11 Le pontife purificateur présentera l'homme qui se purifie, ainsi que ces objets, devant le Seigneur, à l'entrée de la Tente d'assignation ;

12 et le pontife prendra l'un des agneaux (qu'il doit offrir comme délictif), puis le log d'huile, et il en opérera le balancement devant le Seigneur.

13 Il immolera cet agneau à l'endroit où on immole l'expiatoire et l'holocauste : dans le saint lieu. Car le délictif doit être, pour le pontife, comme l'expiatoire : c'est une sainteté de premier ordre.

14 Le pontife prendra du sang de ce délictif, et il en mettra sur le lobe de l'oreille droite de celui qui se purifie, sur le pouce de sa main droite et sur l'orteil de son pied droit.

15 Puis le pontife prendra le log d'huile et en fera couler dans la main gauche du pontife.

16 Le pontife trempera son index droit dans l'huile qui est dans sa main gauche, et de cette huile il fera, avec l'index, sept aspersions devant le Seigneur.

17 Du surplus de l'huile qui est dans sa main, le pontife mettra une partie sur le lobe de l'oreille droite de celui qui se purifie, sur le pouce de sa main droite et sur l'orteil de son pied droit, par-dessus le sang du délictif.

18 Et ce qui sera resté de l'huile contenue dans la main du pontife, il l'appliquera sur la tête de celui qui se purifie, et fera expiation pour lui devant le Seigneur.

19 Alors le pontife s'occupera de l'expiatoire, et fera expier son impureté à celui qui se purifie ; puis il immolera l'holocauste.

20 Le pontife offrira cet holocauste, ainsi que l'oblation, sur l'autel, fera ainsi expiation pour lui, et il sera pur.

21 Si cet homme est pauvre et que ses moyens soient insuffisants, il prendra un agneau comme délictif destiné à être balancé, pour obtenir son expiation ; plus, un dixième de fleur de farine pétrie à l'huile, pour oblation, et un log d'huile ;

22 puis deux tourterelles ou deux jeunes colombes, selon que le permettront ses moyens ; l'une sera un expiatoire, l'autre un holocauste.

23 Il les apportera, le huitième jour de sa purification, au pontife, à l'entrée de la Tente d'assignation, devant le Seigneur.

24 Le pontife prendra l'agneau délictif et le log d'huile, et en opérera le balancement devant le Seigneur.

25 Après avoir immolé l'agneau délictif, le pontife prendra du sang de la victime, et l'appliquera sur le lobe de l'oreille droite de celui qui se purifie, sur le pouce de sa main droite et sur l'orteil de son pied droit.

26 Puis le pontife versera une partie de l'huile dans la main gauche du pontife ;

27 fera avec l'index droit, de cette huile qui est dans sa main gauche, sept aspersions devant le Seigneur,

28 et mettra un peu de l'huile, contenue dans sa main, sur le lobe de l'oreille droite de celui qui se purifie, sur le pouce de sa

main droite et sur l'orteil de son pied droit, au même endroit que le sang du délictif.

29 Quant au restant de l'huile qui est dans la main du pontife, il l'appliquera sur la tête de celui qui se purifie, pour lui obtenir expiation devant le Seigneur.

30 Puis il traitera l'une des tourterelles ou des jeunes colombes, des victimes qu'on aura pu fournir ;

31 offrira ce qu'on aura pu fournir, un oiseau comme expiatoire, l'autre comme holocauste, en outre de l'oblation ; et ainsi le pontife procurera, à celui qui se purifie, son expiation devant l'Éternel.

32 Telle est la règle pour la purification de celui qui a eu une plaie de lèpre, quand ses moyens sont insuffisants."

33 L'Éternel parla à Moïse et à Aaron en ces termes :

34 "Quand vous serez arrivés au pays de Canaan, dont je vous donne la possession, et que je ferai naître une altération lépreuse dans une maison du pays que vous posséderez,

35 celui a qui sera la maison ira le déclarer au pontife, en disant : "J'ai observé quelque altération à ma maison."

36 Le pontife ordonnera qu'on vide la maison avant qu'il y entre pour examiner l'altération, de peur que tout ce qui est dans la maison ne se trouve impur ; après quoi, le pontife viendra visiter cette maison.

37 S'il constate, en examinant la plaie, que cette plaie est dans les murs de la maison, en dépressions d'un vert ou d'un rouge foncé, plus basses en apparence que le niveau du mur,

38 le pontife se dirigera de la maison vers l'entrée de la maison, et la fera fermer pour sept jours.

39 Le pontife y retournera le septième jour. S'il observe que la plaie a grandi sur les murs de la maison,

40 il ordonnera qu'on détache les pierres atteintes par la plaie et qu'on les jette hors de la ville, dans un lieu impur.

41 Puis il fera gratter la maison intérieurement, autour de la plaie, et l'on jettera la poussière qu'on aura raclée hors de la ville, dans un lieu impur.

42 On prendra d'autres pierres, que l'on posera à la place des premières ; on prendra d'autre mortier, et l'on recrépira la maison.

43 Et si la plaie recommence à se développer dans la maison après qu'on a gratté et recrépi la maison,

44 le pontife viendra, et constatera que la plaie s'est accrue dans cette maison ; c'est une lèpre corrosive qui règne dans cette maison : elle est impure.

45 On démolira la maison, les pierres, la charpente et tout l'enduit de la maison, qu'on transportera hors de la ville, dans un lieu impur.

46 Celui qui entrera dans la maison tout le temps qu'on l'a déclarée close, sera souillé jusqu'au soir.

47 Celui qui couchera dans cette maison, lavera ses vêtements, et celui qui y mangera doit les laver de même.

48 Mais si le pontife, lorsqu'il vient, observe que la plaie n'a pas fait de progrès dans la maison après que celle-ci a été recrépie, le pontife déclarera cette maison pure, car la plaie est guérie.

49 Il prendra, pour purifier la maison, deux oiseaux, ainsi que du bois de cèdre, de l'écarlate et de l'hysope.

50 Il égorgera l'un des oiseaux, au-dessus d'un vase d'argile, sur de l'eau vive ;

51 prendra le bois de cèdre, l'hysope et l'écarlate avec l'oiseau vivant, les trempera dans le sang de l'oiseau égorgé et dans l'eau vive, et en aspergera la maison sept fois.

52 Il purifiera ainsi la maison par le sang de l'oiseau, par l'eau vive, par l'oiseau vivant, le bois de cèdre, l'hysope et l'écarlate.

53 Il lâchera l'oiseau vivant hors de la ville, dans la campagne, et fera ainsi propitiation pour la maison, qui deviendra pure.

54 Telle est l'instruction relative à toute affection de lèpre et à la teigne ;

55 à la lèpre des étoffes, à celle des maisons ;

56 à la tumeur, à la dartre et à la tache,

57 pour enseigner l'époque où l'on est impur et celle où l'on est pur. Telle est la règle de la lèpre."

CHAPITRE QUINZE

L'Éternel parla ainsi à Moïse et à Aaron :
    2 "Parlez aux enfants d'Israël et dites-leur : Quiconque serait affligé de gonorrhée, son écoulement est impur.

3 Voici quand aura lieu cette souillure de l'écoulement : si sa chair laisse distiller le flux, ou si elle est engorgée par le flux, sa souillure aura lieu.

4 Toute couche sur laquelle repose celui qui a le flux, sera souillée ; tout meuble sur lequel il s'assied, sera souillé.

5 Quiconque toucherait à sa couche, devra donc laver ses vêtements, se baigner dans l'eau, et restera souillé jusqu'au soir ;

6 et qui s'assoira sur le meuble où s'assied celui qui a le flux, lavera ses vêtements, se baignera dans l'eau et sera souillé jusqu'au soir.

7 Si l'on touche au corps de celui qui a le flux, on lavera ses vêtements, on se baignera dans l'eau et l'on sera souillé jusqu'au soir.

8 Si celui qui a le flux vient à cracher sur un individu pur, celui-ci lavera ses vêtements, se baignera dans l'eau et sera souillé jusqu'au soir.

9 Tout harnais servant à la monture de celui qui a le flux, sera souillé.

10 Quiconque touche à un objet placé sous lui, sera souillé jusqu'au soir ; et qui transporte un de ces objets lavera ses vêtements, se baignera dans l'eau, et restera souillé jusqu'au soir.

11 Quiconque serait touché par celui qui avait le flux et qui n'a pas encore nettoyé ses mains dans l'eau, lavera ses vêtements, se baignera dans l'eau, et restera souillé jusqu'au soir.

12 Un vaisseau d'argile, touché par celui qui a le flux, sera brisé ; un vaisseau de bois, quel qu'il soit, sera nettoyé dans d'eau.

13 Quand cet homme sera délivré de sa gonorrhée, il comptera sept jours depuis son rétablissement ; puis il lavera ses vêtements, baignera son corps dans une eau vive, et sera pur.

14 Le huitième jour, il se procurera deux tourterelles ou deux jeunes colombes, se présentera devant l'Éternel, à l'entrée de la Tente d'assignation, et les remettra au pontife.

15 Le pontife les traitera, l'une comme expiatoire, l'autre comme holocauste ; et il l'absoudra, devant l'Éternel, de son écoulement.

16 Un homme qui aura laissé échapper de la matière séminale devra baigne dans l'eau tout son corps, et sera souillé jusqu'au soir.

17 Toute étoffe, toute peau, où il se trouverait de cette matière, sera nettoyée avec de l'eau et restera souillée jusqu'au soir.

18 Et une femme avec laquelle un homme aurait habité char-

nellement, tous deux se baigneront dans l'eau et seront souillés jusqu'au soir.

19 Lorsqu'une femme éprouvera le flux (son flux, c'est le sang qui s'échappe de son corps), elle restera sept jours dans son isolement, et quiconque la touchera sera souillé jusqu'au soir.

20 Tout objet sur lequel elle repose lors de son isolement, sera impur ; tout objet sur lequel elle s'assied, sera impur.

21 Quiconque touchera à sa couche devra laver ses vêtements, se baigner dans l'eau, et restera souillé jusqu'au soir.

22 Quiconque touchera à quelque meuble où elle s'assoirait, lavera ses vêtements, se baignera dans l'eau, et restera souillé jusqu'au soir.

23 Si, en y touchant, il était lui-même sur la couche où elle est assise, il serait souillé jusqu'au soir.

24 Mais si un homme vient à cohabiter avec elle, de sorte que son Impureté se communique à lui, il sera souillé sept jours, et toute couche sur laquelle il reposera sera souillée.

25 SI le flux sanguin d'une femme a lieu pendant plusieurs jours, hors de l'époque de son isolement, ou s'il se prolonge au-delà de son isolement ordinaire, tout le temps que coulera sa souillure, elle sera comme à l'époque de son Isolement : elle est Impure.

26 Toute couche sur laquelle elle repose pendant toute la durée de cet écoulement sera, à son égard, comme la couche où elle reposait lors de son isolement ; tout meuble sur lequel elle s'assied sera souillé, comme II le serait lors de son isolement.

27 Quiconque les touchera deviendra impur ; il devra laver ses vêtements, se baigner dans l'eau, et restera souillé jusqu'au soir.

28 Lorsqu'elle sera délivrée de son flux, elle comptera sept jours, après quoi elle sera pure.

29 Au huitième jour, elle se procurera deux tourterelles ou deux jeunes colombes, qu'elle apportera au pontife, à l'entrée de la Tente d'assignation.

30 Le pontife traitera l'un des oiseaux comme expiatoire, l'autre comme holocauste ; et il l'absoudra, devant l'Éternel, de la souillure de son écoulement.

31 Vous devez éloigner les enfants d'Israël de ce qui pourrait les souiller, afin qu'ils n'encourent point la mort par leur contamination, en souillant ma demeure qui est au milieu d'eux.

32 Telle est la règle pour celui qui a le flux, et pour celui qui aurait laissé échapper de la matière séminale, cause d'impureté ;

33 pour la femme qui souffre, lors de son isolement ; pour la personne, homme ou femme, dont le flux se prolonge, et pour l'homme qui cohabite avec une femme impure."

CHAPITRE SEIZE

L'Éternel parla à Moïse, après la mort des deux fils d'Aaron, qui, s'étant avancés devant l'Éternel, avaient péri,

2 et il dit à Moïse : "Signifie à Aaron, ton frère, qu'Il ne peut entrer à toute heure dans le sanctuaire, dans l'enceinte du voile, devant le propitiatoire qui est sur l'arche, s'il ne veut encourir la mort ; car je me manifeste, dans un nuage, au-dessus du propitiatoire.

3 Voici comment Aaron entrera dans le sanctuaire : avec un jeune taureau comme expiatoire, et un bélier comme holocauste.

4 Il sera vêtu d'une tunique de lin consacrée, un caleçon de lin couvrira sa chair ; une écharpe de lin le ceindra, et une tiare de lin sera sa coiffure. C'est un costume sacré, il doit se baigner dans l'eau avant de s'en vêtir.

5 De la part de la communauté des enfants d'Israël, Il prendra deux boucs pour l'expiation et un bélier comme holocauste.

6 Et Aaron amènera le taureau expiatoire qui lui est destiné, afin d'obtenir grâce pour lui-même et pour sa maison.

7 Et Il prendra les deux boucs et les présentera devant le Seigneur, à l'entrée de la Tente d'assignation.

8 Aaron tirera au sort pour les deux boucs : un lot sera pour l'Éternel, un lot pour Azazel.

9 Aaron devra offrir le bouc que le sort aura désigné pour l'Éternel, et le traiter comme expiatoire ;

10 et le bouc que le sort aura désigné pour Azazel devra être placé, vivant, devant le Seigneur, pour servir à la propitiation, pour être envoyé à Azazel dans le désert.

11 Aaron offrira son taureau expiatoire, fera propitiation pour lui-même et pour sa famille, et Immolera son taureau expiatoire.

12 Il remplira l'encensoir de charbons ardents, pris sur l'autel qui est devant le Seigneur ; prendra deux pleines poignées d'aromates pilés menu, et introduira le tout dans l'enceinte du voile.

13 Il jettera le fumigatoire sur le feu, devant le Seigneur, de sorte que le nuage aromatique enveloppe le propitiatoire qui abrite le Statut, et qu'il ne meure point.

14 Alors il prendra du sang du taureau, en fera aspersion avec le doigt sur la face du propitiatoire, vers l'orient ; et devant le propitiatoire, Il fera sept fois aspersion de ce sang avec le doigt.

15 Il immolera le bouc expiatoire du peuple, en portera le sang dans l'enceinte du voile, et, procédant â son égard comme il aura fait pour le sang du taureau, Il en fera aspersion au-dessus du propitiatoire, et en avant du propitiatoire.

16 Il purifiera ainsi le sanctuaire des souillures des enfants d'Israël, et de leurs transgressions et de toutes leurs fautes ; et il agira de même pour la Tente d'assignation, qui réside avec eux, parmi leurs souillures.

17 Que personne ne soit dans la Tente d'assignation lorsqu'il entrera pour faire propitiation dans le sanctuaire, jusqu'à sa sortie. Ayant ainsi fait propitiation pour lui-même, pour sa maison et pour toute l'assemblée d'Israël,

18 il s'en ira vers l'autel qui est devant le Seigneur, pour en faire la propitiation : il prendra du sang du taureau et de celui du bouc, en appliquera sur les cornes de l'autel, tout autour,

19 et fera de ce sang, avec son doigt, sept aspersions sur l'autel, qu'il purifiera et sanctifiera ainsi des souillures des enfants d'Israël.

20 Quand il aura achevé de purifier le sanctuaire, la Tente d'assignation et l'autel, il fera amener le bouc vivant.

21 Aaron appuiera ses deux mains sur la tête du bouc vivant ; confessera, dans cette posture, toutes les iniquités des enfants d'Israël, toutes leurs offenses et tous leurs péchés, et, les ayant ainsi fait passer sur la tête du bouc, l'enverra, sous la conduite d'un exprès, dans le désert.

22 Et le bouc emportera sur lui toutes leurs iniquités dans une contrée solitaire, et on lâchera le bouc dans ce désert.

23 Aaron rentrera dans la Tente d'assignation ; puis il dépouillera les vêtements de lin dont il s'était vêtu pour entrer dans le sanctuaire, et les y déposera.

24 Il baignera son corps dans l'eau, en lieu saint, et revêtira son costume ; s'en ira offrir son holocauste et celui du peuple, et fera propitiation pour lui-même et pour le peuple.

25 La graisse de l'expiatoire, il la fera fumer sur l'autel.

26 Pour celui qui aura conduit le bouc vers Azazel, il lavera ses vêtements, baignera son corps dans l'eau, et alors seulement rentrera au camp.

27 Le taureau expiatoire et le bouc expiatoire, dont le sang

aura été introduit, pour la propitiation, dans le sanctuaire, on les transportera hors du camp, et l'on consumera par le feu leur peau, leur chair et leur fiente.

28 Celui qui les aura brûlés lavera ses vêtements, baignera son corps dans l'eau, et alors seulement rentrera au camp.

29 Et ceci sera pour vous une loi perpétuelle : au septième mois, le dixième jour du mois, vous mortifierez vos personnes et ne ferez aucun ouvrage, soit l'indigène, soit l'étranger séjournant parmi vous.

30 Car en ce jour, on fera propitiation sur vous afin de vous purifier ; vous serez purs de tous vos péchés devant l'Éternel.

31 C'est pour vous un sabbat, un sabbat solennel, où vous devez mortifier vos personnes : loi perpétuelle.

32 La propitiation sera accomplie par le pontife qu'on aura oint et installé pour succéder, comme tel, à son père ; il revêtira le costume de lin, le costume sacré,

33 et il fera propitiation pour le saint sanctuaire, propitiation pour la Tente d'assignation et pour l'autel, propitiation en faveur des pontifes et de tout le peuple réuni.

34 Que cela soit pour vous un statut perpétuel, afin de relever les enfants d'Israël de tous leurs péchés, une fois l'année." Et il agit comme l'Éternel l'avait ordonné à Moïse.

CHAPITRE DIX-SEPT

L'Éternel parla à Moïse en ces termes :

2 "Parle à Aaron et à ses fils, ainsi qu'à tous les enfants d'Israël, et dis-leur : voici ce que l'Éternel m'a ordonné de dire :

3 Tout homme de la maison d'Israël qui égorgera une pièce de gros bétail, ou une bête à laine ou une chèvre, dans le camp, ou qui l'égorgera hors du camp,

4 sans l'avoir amenée à l'entrée de la Tente d'assignation pour en faire une offrande à l'Éternel, devant son tabernacle, il sera réputé meurtrier, cet homme, il a répandu le sang ; et cet homme-là sera retranché du milieu de son peuple.

5 Afin que les enfants d'Israël amènent leurs victimes, qu'ils sacrifient en plein champ, qu'ils les amènent désormais à l'Éternel, à l'entrée de la Tente d'assignation, au pontife, et qu'ils les égorgent comme victimes rémunératoires en l'honneur de l'Éternel.

6 Et le pontife lancera le sang sur l'autel de l'Éternel, à l'en-

trée de la Tente d'assignation, et il fera fumer la graisse comme parfum agréable à l'Éternel ;

7 et ils n'offriront plus leurs sacrifices aux démons, au culte desquels ils se prostituent. Que cela soit une loi immuable pour eux, dans leurs générations.

8 Tu leur diras encore : Quiconque, de la maison d'Israël ou des étrangers qui séjourneraient parmi eux, offrira un holocauste ou un autre sacrifice,

9 et ne conduira pas la victime à l'entrée de la Tente d'assignation pour qu'on la destine à l'Éternel, cet homme-là sera retranché de son peuple.

10 Quiconque aussi, dans la maison d'Israël ou parmi les étrangers établis au milieu d'eux, mangera de quelque sang, je dirigerai mon regard sur la personne qui aura mangé ce sang, et je la retrancherai du milieu de son peuple.

11 Car le principe vital de la chair gît dans le sang, et moi je vous l'ai accordé sur l'autel, pour procurer l'expiation à vos personnes ; car c'est le sang qui fait expiation pour la personne.

12 C'est pourquoi j'ai dit aux enfants d'Israël : Que nul d'entre vous ne mange du sang, et que l'étranger résidant avec vous n'en mange point.

13 Tout homme aussi, parmi les enfants d'Israël ou parmi les étrangers résidant avec eux, qui aurait pris un gibier, bête sauvage ou volatile, propre à être mangé, devra en répandre le sang et le couvrir de terre.

14 Car le principe vital de toute créature, c'est son sang qui est dans son corps, aussi ai-je dit aux enfants d'Israël : Ne mangez le sang d'aucune créature. Car la vie de toute créature c'est son sang : quiconque en mangera sera retranché.

15 Toute personne, indigène ou étrangère, qui mangerait

d'une bête morte ou déchirée, devra laver ses vêtements, se baigner dans l'eau et rester souillée jusqu'au soir, où elle redeviendra pure.

16 Que si elle ne lave point ses vêtements et ne baigne point son corps, elle en portera la peine."

CHAPITRE DIX-HUIT

L'Éternel parla à Moïse en ces termes :
2 "Parle aux enfants d'Israël et dis-leur : c'est moi, l'Éternel, qui suis votre Dieu !

3 Les pratiques du pays d'Égypte, où vous avez demeuré, ne les imitez pas, les pratiques du pays de Canaan où je vous conduis, ne les imitez pas et ne vous conformez point à leurs lois.

4 C'est à mes statuts que vous devez obéir, ce sont mes lois que vous respecterez dans votre conduite : c'est moi, l'Éternel, qui suis votre Dieu.

5 Vous observerez donc mes lois et mes statuts, parce que l'homme qui les pratique obtient, par eux, la vie : je suis l'Éternel.

6 Que nul de vous n'approche d'aucune proche parente, pour en découvrir la nudité : je suis l'Éternel.

7 Ne découvre point la nudité de ton père. , celle de ta mère : c'est ta mère, tu ne dois pas découvrir sa nudité.

8 Ne découvre point la nudité de la femme de ton père : c'est la nudité de ton père.

9 La nudité de ta sœur, fille de ton père ou fille de ta mère, née dans la maison ou née au dehors, ne la découvre point.

10 La nudité de la fille de ton fils, ou de la fille de ta fille, ne la découvre point ; car c'est ta propre nudité.

11 La fille de la femme de ton père, progéniture de ton père, celle-là est ta sœur : ne découvre point sa nudité.

12 Ne découvre point la nudité de la sœur de ton père : c'est la proche parente de ton père.

13 Ne découvre point la nudité de la sœur de ta mère, car c'est la proche parente de ta mère.

14 Ne découvre point la nudité du frère de ton père : n'approche point de sa femme, elle est ta tante.

15 Ne découvre point la nudité de ta bru : c'est la femme de ton fils, tu ne dois pas découvrir sa nudité.

16 Ne découvre point la nudité de la femme de ton frère : c'est la nudité de ton frère.

17 Ne découvre point la nudité d'une femme et celle de sa fille ; n'épouse point la fille de son fils ni la fille de sa fille, pour en découvrir la nudité : elles sont proches parentes, c'est une Impudicité.

18 N'épouse pas une femme avec sa sœur : c'est créer une rivalité, en découvrant la nudité de l'une avec celle de l'autre, de son vivant.

19 Lorsqu'une femme est isolée par son impureté, n'approche point d'elle pour découvrir sa nudité.

20 Ne t'unis point charnellement avec la femme de ton prochain : tu te souillerais par elle.

21 Ne livre rien de ta progéniture en offrande à Molokh, pour ne pas profaner le nom de ton Dieu : je suis l'Éternel.

22 Ne cohabite point avec un mâle, d'une cohabitation sexuelle : c'est une abomination.

23 Ne t'accouple avec aucun animal, tu te souillerais par là ; et qu'une femme ne s'offre point à l'accouplement d'un animal, c'est un désordre.

24 Ne vous souillez point par toutes ces choses ! Car ils se sont souillés par elles, les peuples que je chasse à cause de vous,

25 et le pays est devenu Impur, et je lui ai demandé compte de son iniquité, et le pays a vomi ses habitants.

26 Pour vous, respectez mes lois et mes statuts, et ne commettez aucune de ces horreurs. Vous indigènes, ni l'étranger qui séjournerait parmi vous.

27 Car toutes ces horreurs, ils les ont commises, les gens du pays qui vous ont précédés, et le pays est devenu Impur.

28 Craignez que cette terre ne vous vomisse si vous la souillez, comme elle a vomi le peuple qui l'habitait avant vous.

29 Car, quiconque aura commis une de toutes ces abominations, les personnes agissant ainsi seront retranchées du sein de leur peuple.

30 Soyez donc fidèles à mon observance, en ne suivant aucune de ces lois infâmes qu'on a suivies avant vous, et ne vous souillez point par leur pratique : je suis l'Éternel, votre Dieu !"

CHAPITRE DIX-NEUF

L'Éternel parla à Moïse en ces termes :

2 "Parle à toute la communauté des enfants d'Israël et dis-leur : Soyez saints ! Car je suis saint, moi l'Éternel, votre Dieu.

3 Révérez, chacun, votre mère et votre père, et observez mes sabbats : je suis l'Éternel votre Dieu.

4 Ne vous adressez point aux idoles, et ne vous fabriquez point des dieux de métal : je suis l'Éternel votre Dieu.

5 Et quand vous sacrifierez une victime rémunératoire à l'Éternel, sacrifiez-la de manière à être agréés.

6 Le jour même de votre sacrifice elle doit être mangée, et encore le lendemain ; ce qui en serait resté jusqu'au troisième jour sera consumé par le feu.

7 Que si l'on voulait en manger au troisième jour, ce serait une chose réprouvée : le sacrifice ne serait point agréé.

8 Celui qui en mangera portera la peine de son méfait, parce

qu'il a profané un objet consacré au Seigneur ; et cette personne sera retranchée de son peuple.

9 Quand vous moissonnerez la récolte de votre pays, tu laisseras la moisson inachevée au bout de ton champ, et tu ne ramasseras point la glanure de ta moisson.

10 Tu ne grappilleras point dans ta vigne, et tu ne recueilleras point les grains épars de ta vigne. Abandonne-les au pauvre et à l'étranger : je suis l'Éternel votre Dieu.

11 Vous ne commettrez point de vol, point de dénégation ni de fraude au préjudice de votre prochain.

12 Vous ne jurerez point par mon nom à l'appui du mensonge, ce serait profaner le nom de ton Dieu : je suis l'Éternel.

13 Ne commets point d'extorsion sur ton prochain, point de rapine ; que le salaire du journalier ne reste point par devers toi jusqu'au lendemain.

14 N'insulte pas un sourd, et ne place pas d'obstacle sur le chemin d'un aveugle : redoute ton Dieu ! Je suis l'Éternel.

15 Ne prévariquez point dans l'exercice de la justice ; ne montre ni ménagement au faible, ni faveur au puissant : juge ton semblable avec impartialité.

16 Ne va point colportant le mal parmi les tiens, ne sois pas indifférent au danger de ton prochain : je suis l'Éternel.

17 Ne hais point ton frère en ton cœur : reprends ton prochain, et tu n'assumeras pas de péché à cause de lui.

18 Ne te venge ni ne garde rancune aux enfants de ton peuple, mais aime ton prochain comme toi-même : je suis l'Éternel.

19 Observez mes décrets : n'accouple point tes bêtes d'espèce différente ; ne sème point dans ton champ des graines hété-

rogènes et qu'un tissu mixte (chaatnêz) ne couvre point ton corps.

20 Si quelqu'un habite charnellement avec une femme, qui est une esclave fiancée à un homme et n'a été ni rachetée ni autrement affranchie, il y aura châtiment, mais ils ne seront pas mis à mort parce qu'elle n'était pas affranchie.

21 Et il amènera pour sa faute, au Seigneur, à l'entrée de la Tente d'assignation, un bélier de délit.

22 Le pontife lui fera expier par ce bélier délictif, devant le Seigneur, le péché qu'il a commis, et le péché qu'il a commis lui sera pardonné.

23 Quand vous serez entrés dans la Terre promise et y aurez planté quelque arbre fruitier, vous en considérerez le fruit comme une excroissance : trois années durant, ce sera pour vous autant d'excroissances, il n'en sera point mangé.

24 Dans sa quatrième année, tous ses fruits seront consacrés à des réjouissances, en l'honneur de l'Éternel :

25 et la cinquième année, vous pourrez jouir de ses fruits, de manière à en augmenter pour vous le produit : je suis l'Éternel votre Dieu.

26 Ne faites point de repas près du sang ; ne vous livrez pas à la divination ni aux présages.

27 Ne taillez pas en rond les extrémités de votre chevelure, et ne rase pas les coins de ta barbe.

28 Ne tailladez point votre chair à cause d'un mort, et ne vous imprimez point de tatouage : je suis l'Éternel.

29 Ne déshonore point ta fille en la prostituant, de peur que le pays ne se livre à là prostitution et ne soit envahi par la débauche.

30 Observez mes sabbats et révérez mon sanctuaire : je suis l'Éternel.

31 N'ayez point recours aux évocations ni aux sortilèges ; n'aspirez pas à vous souiller par ces pratiques : je suis l'Éternel votre Dieu.

32 Lève-toi à l'aspect d'une tête blanche, et honore la personne du vieillard : crains ton Dieu ! Je suis l'Éternel.

33 Si un étranger vient séjourner avec toi, dans votre pays, ne le molestez point.

34 Il sera pour vous comme un de vos compatriotes, l'étranger qui séjourne avec vous, et tu l'aimeras comme toi-même, car vous avez été étrangers dans le pays d'Égypte je suis l'Éternel votre Dieu.

35 Ne commettez pas d'iniquité en fait de jugements, de poids et de mesures.

36 Ayez des balances exactes, des poids exacts, une épha exacte, un men exact : Je suis l'Éternel votre Dieu, qui vous ai fait sortir du pays d'Égypte.

37 Observez donc toutes mes lois et tous mes statuts, et accomplissez-les : je suis l'Éternel."

CHAPITRE VINGT

L'Éternel parla à Moïse en ces termes :

2 "Quant aux enfants d'Israël, tu leur diras : Quiconque, parmi les Israélites ou les étrangers séjournant en Israël, livrerait quelqu'un de sa postérité à Molokh, doit être mis à mort : le peuple du pays le tuera à coups de pierres.

3 Moi-même je dirigerai mon regard sur cet homme, et je le retrancherai du milieu de son peuple, parce qu'il a donné de sa postérité à Molokh, souillant ainsi mon sanctuaire et avilissant mon nom sacré.

4 Et si le peuple du pays ose fermer les yeux sur la conduite de cet homme, qui aurait donné de sa postérité à Molokh, et qu'on ne le fasse point mourir,

5 ce sera moi alors qui appliquerai mon regard sur cet homme et sur son engeance, et je retrancherai avec lui, du milieu de leur peuple, tous ceux qui, entraînés par lui, se seraient abandonnés au culte de Molokh.

6 Pour la personne qui aurait recours aux évocations, aux

sortilèges, et s'abandonnerait à ces pratiques, je dirigerai mon regard sur cette personne, et je la supprimerai du milieu de son peuple.

7 Sanctifiez vous et soyez saints, car je suis l'Éternel votre Dieu.

8 Observez mes lois et les exécutez : je suis l'Éternel qui vous sanctifie.

9 Or, tout homme qui aura maudit son père ou sa mère, doit être mis à mort : il a maudit son père ou sa mère, il a mérité son supplice.

10 Si un homme commet un adultère avec la femme d'un autre homme, avec la femme de son prochain, l'homme et la femme adultères doivent être mis à mort.

11 Si un homme cohabite avec la femme de son père, c'est la nudité de son père qu'il a découverte : qu'ils soient mis à mort l'un et l'autre, ils ont mérité leur supplice.

12 Si un homme cohabite avec sa bru, que tous deux soient mis à mort : Ils ont agi désordonnément, ils ont mérité leur supplice.

13 Si un individu cohabite avec un mâle, d'une cohabitation sexuelle, c'est une abomination qu'ils ont commise tous les deux ; qu'ils soient punis de mort, leur supplice est mérité.

14 Celui qui épouse une femme et sa mère, c'est une Impudicité : on les fera périr par le feu, lui et elles, pour qu'il n'y ait point d'impudicité parmi vous.

15 Un homme qui s'accouplerait avec un animal doit être mis à mort, et l'animal, vous le tuerez ;

16 et une femme qui s'approcherait de quelque animal pour qu'il s'accouple avec elle, tu la tueras ainsi que l'animai : ils doivent être mis à mort, leur supplice est mérité.

17 Si un homme épouse sa sœur, fille de son père ou fille de sa mère, qu'il voie sa nudité et qu'elle voie la sienne, c'est un inceste, et ils seront exterminés à la vue de leurs concitoyens : il a découvert la nudité de sa sœur, il en portera la peine.

18 Si un homme cohabite avec une femme qui souffre du flux, et découvre sa nudité, Il a mis à nu la source de son sang, et elle-même a dévoilé cette source ; lis seront retranchés, tous deux, du sein de leur peuple.

19 Tu ne découvriras point la nudité de la sœur de ta mère ni de la sœur de ton père ; car c'est dévoiler la nudité de sa parente : ils doivent en porter la peine.

20 Celui oui cohabite avec sa tante, a découvert la nudité de son oncle ; ils doivent expier leur péché, ils mourront sans lignée.

21 Et si quelqu'un épouse la femme de son frère, c'est une impureté ; il a découvert la nudité de son frère, ils demeureront sans lignée.

22 Observez donc toutes mes lois et tous mes statuts, et les exécutez, afin qu'il ne vous rejette point, ce pays où je vous mène pour vous y établir.

23 N'adoptez point les lois de la nation que je chasse à cause de vous ; car ils ont fait toutes ces choses, et je les ai pris en aversion,

24 et je vous ai dit : c'est vous qui prendrez possession de leur sol, et moi je vous le donnerai pour que vous en soyez possesseurs, ce pays ruisselant de lait et de miel. Je suis l'Éternel votre Dieu, qui vous ai distingués entre les peuples.

25 Distinguez donc le quadrupède pur de l'impur, et l'oiseau impur d'avec le pur ; ne souillez pas vos personnes par les quadrupèdes, les oiseaux et les différents reptiles de la terre, que je vous ai fait distinguer en les déclarant impurs.

26 Soyez saints pour moi, car je suis saint, moi l'Éternel, et je vous ai séparés d'avec les peuples pour que vous soyez à moi.

27 Un homme ou une femme chez qui serait constatée une évocation ou un sortilège devront être mis à mort ; on les lapidera : ils ont mérité leur supplice."

CHAPITRE VINGT-ET-UN

L'Éternel dit à Moïse : "Parle aux pontifes, fils d'Aaron, et dis-leur : Nul ne doit se souiller par le cadavre d'un de ses concitoyens,

2 si ce n'est pour ses parents les plus proches : pour sa mère ou son père, pour son fils ou sa fille, ou pour son frère ;

3 pour sa sœur aussi, si elle est vierge, habitant près de lui, et n'a pas encore appartenu à un homme, pour elle il peut se souiller.

4 Il ne doit pas se rendre impur, lui qui est maître parmi les siens, de manière à s'avilir.

5 ils ne feront point de tonsure à leur tête, ne raseront point l'extrémité de leur barbe, et ne pratiqueront point d'incision sur leur chair.

6 Ils doivent rester saints pour leur Dieu, et ne pas profaner le nom de leur Dieu ; car ce sont les sacrifices de l'Éternel, c'est le pain de leur Dieu qu'ils ont à offrir : ils doivent être saints.

7 Une femme prostituée ou déshonorée, ils ne l'épouseront

point ; une femme répudiée par son mari, ils ne l'épouseront point : car le pontife est consacré à son Dieu.

8 Tiens-le pour saint, car c'est lui qui offre le pain de ton Dieu ; qu'il soit saint pour toi, parce que je suis saint, moi l'Éternel, qui vous sanctifie.

9 Et si la fille de quelque pontife se déshonore par la prostitution, c'est son père qu'elle déshonore : elle périra par le feu.

10 Quant au pontife supérieur à ses frères, sur la tête duquel aura coulé l'huile d'onction, et qu'on aura investi du droit de revêtir les insignes, il ne doit point découvrir sa tête ni déchirer ses vêtements ;

11 il n'approchera d'aucun corps mort ; pour son père même et pour sa mère il ne se souillera point ;

12 et il ne quittera point le sanctuaire, pour ne pas ravaler le sanctuaire de son Dieu, car il porte le sacre de l'huile d'onction de son Dieu : je suis l'Éternel.

13 De plus, il devra épouser une femme qui soit vierge.

14 Une veuve, une femme répudiée ou déshonorée, une courtisane, il ne l'épousera point : il ne peut prendre pour femme qu'une vierge d'entre son peuple,

15 et ne doit point dégrader sa race au milieu de son peuple : je suis l'Éternel, qui l'ai consacré !"

16 L'Éternel parla à Moïse en ces termes :

17 "Parle ainsi à Aaron : Quelqu'un de ta postérité, dans les âges futurs, qui serait atteint d'une infirmité, ne sera pas admis à offrir le pain de son Dieu.

18 Car quiconque a une infirmité ne saurait être admis : un individu aveugle ou boiteux, ayant le nez écrasé ou des organes inégaux ;

19 ou celui qui serait estropié, soit du pied, soit de la main ;

20 ou un bossu, ou un nain ; celui qui a une taie sur l'œil, la gale sèche ou humide, ou les testicules broyés.

21 Tout individu infirme, de la race d'Aaron le pontife, ne se présentera pas pour offrir les sacrifices de l'Éternel. Atteint d'une infirmité, il ne peut se présenter pour offrir le pain de son Dieu.

22 Le pain de son Dieu, provenant des offrandes très-saintes comme des offrandes saintes, il peut s'en nourrir ;

23 mais qu'il ne pénètre point jusqu'au voile, et qu'il n'approche point de l'autel, car il a une infirmité, et il ne doit point profaner mes choses saintes, car c'est moi, l'Éternel, qui les sanctifie."

24 Et Moïse le redit à Aaron et à ses fils, et à tous les enfants d'Israël.

CHAPITRE VINGT-DEUX

L'Éternel parla ainsi à Moïse :

2 "Avertis Aaron et ses fils d'être circonspects à l'égard des saintetés des enfants d'Israël, pour ne pas profaner mon saint nom en profanant ce que ceux-ci me consacrent : je suis l'Éternel.

3 Dis-leur : à l'avenir, quiconque de toute votre famille, étant en état de souillure, s'approcherait des saintetés que les enfants d'Israël consacrent à l'Éternel, cette personne sera retranchée de devant moi : je suis l'Éternel.

4 Tout individu de la race d'Aaron, atteint de lèpre ou de flux, ne mangera pas de choses saintes qu'il ne soit devenu pur. De même, celui qui touche à une personne souillée par un cadavre, ou celui qui a laissé échapper de la matière séminale,

5 ou celui qui aurait touché à quelque reptile de nature à le souiller, ou à un homme qui lui aurait communiqué une impureté quelconque :

6 la personne qui y touche devant rester souillée jusqu'au

soir, le pontife ne mangera rien des choses saintes qu'il n'ait baigné son corps dans l'eau.

7 Après le soleil couché, il deviendra pur ; et alors il pourra jouir des choses saintes, car elles sont sa subsistance.

8 Une bête morte ou déchirée, il n'en mangera point, elle le rendrait impur : je suis l'Éternel.

9 Qu'ils respectent mon observance et ne s'exposent pas, à cause d'elle, à un péché, car ils mourraient pour l'avoir violée : je suis l'Éternel qui les sanctifie.

10 Nul profane ne mangera d'une chose sainte ; celui qui habite chez un pontife ou est salarié par lui, ne mangera point d'une chose sainte.

11 Mais si un pontife a acheté une personne à prix d'argent, elle pourra en manger ; et les esclaves nés chez lui, ceux-là aussi mangeront de son pain.

12 Si la finie d'un prêtre est mariée à un profane, elle ne mangera point des saintes offrandes.

13 Si cette fille de pontife devient veuve ou est divorcée, qu'elle n'ait point de postérité, et qu'elle retourne à la maison de son père comme en sa jeunesse, elle mangera du pain de son père ; mais aucun profane n'en mangera.

14 Si quelqu'un avait, par inadvertance, mangé une chose sainte, il en ajoutera le cinquième en sus, qu'il donnera au pontife avec la chose sainte.

15 Ils ne doivent pas laisser profaner les saintetés des enfants d'Israël, ce dont ils font hommage à l'Éternel,

16 et faire peser sur eux un délit punissable, alors qu'ils consommeraient leurs propres saintetés ; car c'est moi, l'Éternel, qui les sanctifie."

17 L'Éternel parla à Moïse en ces termes :

18 "parie à Aaron et à ses fils, ainsi qu'à tous les enfants d'Israël, et dis-leur : qui que ce soit de la maison d'Israël, ou parmi les étrangers en Israël, qui voudra présenter son offrande, par suite de quelque vœu ou don volontaire de leur part ; s'ils l'offrent à l'Éternel comme holocauste,

19 pour être agréés, prenez-la sans défaut, mâle, parmi le gros bétail, les brebis ou les chèvres.

20 Tout animal qui aurait un défaut, ne l'offrez point ; car il ne sera pas agréé de votre part.

21 De même, si quelqu'un veut offrir une victime rémunératoire à l'Éternel, par suite d'un vœu particulier ou d'un don volontaire, dans le gros ou dans le menu bétail, cette victime, pour être agréée, doit être irréprochable, n'avoir aucun défaut.

22 Une bête aveugle, estropiée ou mutilée, affectée de verrues, de gale sèche ou humide, vous ne les offrirez point à l'Éternel, et vous n'en ferez rien brûler sur l'autel en son honneur.

23 Si une grosse ou une menue bête a un membre trop long ou trop court, tu pourras l'employer comme offrande volontaire, mais comme offrande votive elle ne serait point agréée.

24 Celle qui a les testicules froissés, écrasés, rompus ou coupés, ne l'offrez point à l'Éternel, et dans votre pays ne faites point pareille chose.

25 De la part même d'un étranger vous n'offrirez aucun de ces animaux comme aliment à votre Dieu ; car ils ont subi une mutilation, ils sont défectueux, vous ne les feriez point agréer."

26 L'Éternel parla à Moïse en ces termes :

27 "Lorsqu'un veau, un agneau ou un chevreau vient de naître, il doit rester sept jours auprès de sa mère ; à partir du

huitième jour seulement, il sera propre à être offert en sacrifice à l'Éternel.

28 Crosse ou menue bête, vous n'égorgerez point ranimai avec son petit le même jour.

29 Quand vous ferez un sacrifice de reconnaissance à l'Éternel, faites ce sacrifice de manière à être agréés.

30 Il devra être consommé le jour même, vous n'en laisserez rien pour le lendemain : je suis l'Éternel.

31 Gardez mes commandements et pratiquez-les : je suis l'Éternel.

32 Ne déshonorez point mon saint nom, afin que je sois sanctifié au milieu des enfants d'Israël, moi, l'Éternel, qui vous sanctifie,

33 qui vous ai fait sortir du pays d'Égypte pour devenir votre Dieu : je suis l'Éternel."

CHAPITRE VINGT-TROIS

L'Éternel parla ainsi à Moïse :
2 "Parle aux enfants d'Israël et dis-leur les solennités de l'Éternel, que vous devez célébrer comme convocations saintes. Les voici, mes solennités :

3 pendant six jours on se livrera au travail, mais le septième jour il y aura repos, repos solennel pour une sainte convocation : vous ne ferez aucun travail. Ce sera le Sabbat de l'Éternel, dans toutes vos habitations.

4 Voici les solennités de l'Éternel, convocations saintes, que vous célébrerez en leur saison.

5 Au premier mois, le quatorze du mois, vers le soir, la Pâque sera offerte au Seigneur ;

6 et au quinzième jour de ce mois, ce sera la fête des Azymes pour le Seigneur : durant sept jours vous mangerez des azymes.

7 Le premier jour, il y aura pour vous convocation sainte : vous ne ferez aucune œuvre servile.

8 Vous offrirez un sacrifice au Seigneur sept jours de suite.

Le septième jour, il y aura convocation sainte : vous ne ferez aucune œuvre servile."

9 L'Éternel parla ainsi à Moïse :

10 "Parle aux enfants d'Israël et dis-leur : quand vous serez arrivés dans le pays que je vous accorde, et que vous y ferez la moisson, vous apporterez un ômer des prémices de votre moisson au pontife,

11 lequel balancera cet ômer devant le Seigneur, pour vous le rendre propice ; c'est le lendemain de la fête que le pontife le balancera.

12 Vous offrirez, le jour du balancement de l'ômer, un agneau sans défaut, âgé d'un an, en holocauste à l'Éternel.

13 Son oblation : deux dixièmes de fleur de farine pétrie à l'huile, à brûler en l'honneur de l'Éternel comme odeur agréable ; et sa libation : un quart de hîn de vin.

14 Vous ne mangerez ni pain, ni grains torréfiés, ni gruau, jusqu'à ce jour même, jusqu'à ce que vous ayez apporté l'offrande de votre Dieu ; statut perpétuel pour vos générations, dans toutes vos demeures.

15 Puis, vous compterez chacun, depuis le lendemain de la fête, depuis le jour où vous aurez offert l'ômer du balancement, sept semaines, qui doivent être entières ;

16 vous compterez jusqu'au lendemain de la septième semaine, soit cinquante jours, et vous offrirez à l'Éternel une oblation nouvelle.

17 Devos habitations, vous apporterez deux pains destinés au balancement, qui seront faits de deux dixièmes de farine fine et cuits à pâte levée : ce seront des prémices pour l'Éternel.

18 Vous offrirez, avec ces pains, sept agneaux sans défaut, âgés d'un an, un jeune taureau et deux béliers ; ils formeront un

holocauste pour le Seigneur, avec leurs oblations et leurs libations, sacrifice d'une odeur agréable à l'Éternel.

19 Vous ajouterez un bouc pour le péché, et deux agneaux d'un an comme sacrifice rémunératoire.

20 Le pontife les balancera, avec le pain des prémices, devant l'Éternel, ainsi que deux des agneaux : ils seront consacrés à l'Éternel, au profit du pontife.

21 Et vous célébrerez ce même jour : ce sera pour vous une convocation sainte, où vous ne ferez aucune œuvre servile ; statut invariable, dans toutes vos demeures, pour vos générations.

22 Et quand vous ferez la moisson dans votre pays, tu laisseras la Benda inachevée au bout de ton champ, et tu ne ramasseras point les glanes de ta moisson. Abandonne-les au pauvre et à l'étranger : je suis l'Éternel votre Dieu."

23 L'Éternel parla à Moïse en ces termes :

24 "Parle ainsi aux enfants d'Israël : au septième mois, le premier jour du mois, aura lieu pour vous un repos solennel ; commémoration par une fanfare, convocation sainte.

25 Vous ne ferez aucune œuvre servile, et vous offrirez un sacrifice à l'Éternel."

26 L'Éternel parla à Moïse en ces termes :

27 "Mais au dixième jour de ce septième mois, qui est le jour des Expiations, il y aura pour vous convocation sainte : vous mortifierez vos personnes, vous offrirez un sacrifice à l'Éternel,

28 et vous ne ferez aucun travail en ce même jour ; car c'est un jour d'expiation, destiné à vous réhabiliter devant l'Éternel votre Dieu.

29 Aussi, toute personne qui ne se mortifiera pas en ce même jour, sera supprimée de son peuple ;

30 et toute personne qui fera un travail quelconque en ce

même jour, j'anéantirai cette personne-là du milieu de son peuple.

31 Ne faites donc aucune sorte de travail : loi perpétuelle pour vos générations, dans toutes vos demeures.

32 Ce jour est pour vous un chômage absolu, où vous mortifierez vos personnes ; dès le neuf du mois au soir, depuis un soir jusqu'à l'autre, vous observerez votre chômage."

33 L'Éternel parla à Moïse en ces termes :

34 "Parle ainsi aux enfants d'Israël : le quinzième jour de ce septième mois aura lieu la fête des Tentes, durant sept jours, en l'honneur de l'Éternel.

35 Le premier jour, convocation sainte : vous ne ferez aucune œuvre servile.

36 Sept jours durant, vous offrirez des sacrifices à l'Éternel. Le huitième jour, vous aurez encore une convocation sainte, et vous offrirez un sacrifice à l'Éternel : c'est une fête de clôture, vous n'y ferez aucune œuvre servile.

37 Ce sont là les solennités de l'Éternel, que vous célébrerez comme convocations saintes, en offrant des sacrifices à l'Éternel, holocaustes et oblations, victimes et libations, selon le rite de chaque jour,

38 indépendamment des sabbats de l'Éternel ; indépendamment aussi de vos dons, et de toutes vos offrandes votives ou volontaires, dont vous ferez hommage à l'Éternel.

39 Mais le quinzième jour du septième mois, quand vous aurez rentré la récolte de la terre, vous fêterez la fête du Seigneur, qui durera sept jours ; le premier jour il y aura chômage, et chômage le huitième jour.

40 Vous prendrez, le premier jour, du fruit de l'arbre hadar, des branches de palmier, des rameaux de l'arbre aboth et des

saules de rivière ; et vous vous réjouirez, en présence de l'Éternel votre Dieu, pendant sept jours.

41 Vous la fêterez, cette fête du Seigneur, sept jours chaque année, règle immuable pour vos générations ; c'est au septième mois que vous la solenniserez.

42 Vous demeurerez dans des tentes durant sept jours ; tout indigène en Israël demeurera sous la tente,

43 afin que vos générations sachent que j'ai donné des tentes pour demeure aux enfants d'Israël, quand je les ai fait sortir du pays d'Égypte, moi, l'Éternel, votre Dieu !"

44 Et Moïse exposa les solennités de l'Éternel aux enfants d'Israël.

CHAPITRE VINGT-QUATRE

L'Éternel parla à Moïse en ces termes :
2 "Ordonne aux enfants d'Israël de te choisir une huile pure d'olives concassées, pour le luminaire, afin d'alimenter les lampes en permanence.

3 C'est en dehors du voile qui abrite le Statut, dans la Tente d'assignation, qu'Aaron les entretiendra depuis le soir jusqu'au matin, devant l'Éternel, constamment : règle perpétuelle pour vos générations.

4 C'est sur le candélabre d'or pur qu'il entretiendra ces lampes, devant l'Éternel, constamment.

5 Tu prendras aussi de la fleur de farine, et tu en cuiras douze gâteaux, chaque gâteau contenant deux dixièmes.

6 Tu les disposeras en deux rangées, six par rangée, sur la table d'or pur, devant l'Éternel.

7 Tu mettras sur chaque rangée de l'encens pur, qui servira de mémorial aux pains, pour être brûlé en l'honneur de l'Éternel.

8 Régulièrement chaque jour de sabbat, on les disposera

devant l'Éternel, en permanence, de la part des enfants d'Israël : c'est une alliance perpétuelle.

9 Ce pain appartiendra à Aaron et à ses fils, qui le mangeront en lieu saint ; car c'est une chose éminemment sainte, qui lui revient sur les offrandes de l'Éternel, comme portion invariable."

10 Il arriva que le fils d'une femme israélite, lequel avait pour père un Égyptien, était allé se mêler aux enfants d'Israël ; une querelle s'éleva dans le camp, entre ce fils d'une Israélite et un homme d'Israël.

11 Le fils de la femme israélite proféra, en blasphémant, le Nom sacré ; on le conduisit devant Moïse. Le nom de sa mère était Chelomith, fille de Dibri, de la tribu de Dan.

12 On le mit en lieu sûr, jusqu'à ce qu'une décision intervînt de la part de l'Éternel.

13 Et l'Éternel parla ainsi à Moïse :

14 "Qu'on emmène le blasphémateur hors du camp ; que tous ceux qui l'ont entendu imposent leurs mains sur sa tête, et que toute la communauté le lapide.

15 Parle aussi aux enfants d'Israël en ces termes : quiconque outrage son Dieu portera la peine de son crime.

16 Pour celui qui blasphème nominativement l'Éternel, il doit être mis à mort, toute la communauté devra le lapider ; étranger comme indigène, s'il a blasphémé nominativement, il sera puni de mort.

17 Si quelqu'un fait périr une créature humaine, il sera mis à mort.

18 S'il fait périr un animal, il le paiera, corps pour corps.

19 Et si quelqu'un fait une blessure à son prochain, comme il a agi lui-même on agira à son égard :

20 fracture pour fracture, œil pour œil, dent pour dent ; selon la lésion qu'il aura faite à autrui, ainsi lui sera-t-il fait.

21 Qui tue un animal doit le payer, et qui tue un homme doit mourir.

22 Même législation vous régira, étrangers comme nationaux ; car je suis l'Éternel, votre Dieu à tous."

23 Moïse le redit aux enfants d'Israël. On emmena le blasphémateur hors du camp, et on le tua à coups de pierres ; et les enfants d'Israël firent comme l'Éternel avait ordonné à Moïse.

CHAPITRE VINGT-CINQ

L'Éternel parla à Moïse au mont Sinaï, en ces termes :

2 "Parle aux enfants d'Israël et dis-leur : Quand vous serez entrés dans le pays que je vous donne, la terre sera soumise à un chômage en l'honneur de l'Éternel.

3 Six années tu ensemenceras ton champ, six années tu travailleras ta vigne, et tu en recueilleras le produit ;

4 mais, la septième année, un chômage absolu sera accordé à la terre, un sabbat en l'honneur de l'Éternel. Tu n'ensemenceras ton champ ni ne tailleras ta vigne.

5 Le produit spontané de ta moisson, tu ne le couperas point, et les raisins de ta vigne intacte, tu ne les vendangeras point : ce sera une année de chômage pour le sol.

6 Ce solen repos vous appartiendra à tous pour la consommation : à toi, à ton esclave, à ta servante, au mercenaire et à l'étranger qui habitent avec toi ;

7 ton bétail même, ainsi que les bêtes sauvages de ton pays, pourront se nourrir de tous ces produits.

8 Tu compteras chez toi sept années sabbatiques, sept fois sept années, de sorte que la période de ces sept années sabbatiques te fera quarante-neuf ans ;

9 puis tu feras circuler le retentissement du cor, dans le septième mois, le dixième jour du mois : au jour des expiations, vous ferez retentir le son du cor à travers tout votre pays.

10 Vous sanctifierez cette cinquantième année, en proclamant, dans le pays, la liberté pour tous ceux qui l'habitent : cette année sera pour vous le Jubilé, où chacun de vous rentrera dans son bien, où chacun retournera à sa famille.

11 La cinquantième année est le Jubilé, elle le sera pour vous : vous ne sèmerez point, vous n'en couperez point les produits, ni n'en vendangerez les vignes intactes,

12 parce que cette année est le jubilé et doit vous être une chose sainte. C'est à même le champ que vous en mangerez le produit.

13 En cette année jubilaire, vous rentrerez chacun dans votre possession.

14 Si donc tu fais une vente à ton prochain, ou si tu acquiers de sa main quelque chose, ne vous lésez point l'un l'autre.

15 C'est en tenant compte des années écoulées depuis le Jubilé, que tu feras cet achat à ton prochain ; c'est en tenant compte des années de récolte, qu'il doit te vendre.

16 Selon que ces années seront plus ou moins nombreuses, tu paieras plus ou moins cher la chose acquise ; car c'est un nombre de récoltes qu'il te vend.

17 Ne vous lésez point l'un l'autre, mais redoute ton Dieu ! Car je suis l'Éternel votre Dieu.

18 Exécutez mes édits, observez et pratiquez mes lois, et vous demeurerez dans le pays en sécurité.

19 La terre donnera ses fruits, dont vous vous nourrirez abondamment, et vous y résiderez en toute quiétude.

20 Que si vous dites : "Qu'aurons-nous à manger la septième année, puisque nous ne pouvons ni semer, ni rentrer nos récoltes ?"

21 Je vous octroierai ma bénédiction dans la sixième année, tellement qu'elle produira la récolte de trois années ;

22 et quand vous sèmerez la huitième année, vous vivrez sur la récolte antérieure : jusqu'à la neuvième année, jusqu'à ce que s'effectue sa récolte, vous vivrez sur l'ancienne.

23 Nulle terre ne sera aliénée irrévocablement, car la terre est à moi, car vous n'êtes que des étrangers domiciliés chez moi.

24 Et dans tout le pays que vous posséderez, vous accorderez le droit de rachat sur les terres.

25 Si ton frère, se trouvant dans la gêne, a vendu une partie de sa propriété, son plus proche parent aura la faculté de racheter ce qu'a vendu son frère.

26 Quelqu'un dont personne n'a racheté le bien, mais qui retrouve des ressources suffisantes pour le racheter lui-même,

27 supputera les années de la vente, rendra l'excédent à celui à qui il avait vendu, et rentrera dans son bien.

28 Que s'il n'a point de ressources suffisantes pour cette restitution, la chose vendue restera entre les mains de l'acquéreur jusqu'à l'année jubilaire ; elle en sortira à cette époque, et l'autre en reprendra possession.

29 Si quelqu'un vend une maison d'habitation située dans une ville murée, le droit de rachat durera jusqu'à la fin de l'année de la vente : pendant une année pleine cette faculté subsistera.

30 Et si elle n'a pas été rachetée dans l'espace d'une année entière, cette maison sise dans une ville close de murs sera

acquise définitivement à l'acheteur, pour lui et sa descendance ; le Jubilé ne la dégagera point.

31 Mais les maisons des villages non entourés de murs seront réputées une dépendance de la campagne, laquelle sera rachetable, et dégagée au Jubilé.

32 Quant aux villes des Lévites, aux maisons situées dans les villes qu'ils possèdent, les Lévites auront toujours le droit de les racheter.

33 Si même quelqu'un des Lévites l'a rachetée, la vente de cette maison ou de cette ville qu'il possède sera résiliée par le Jubilé ; car les maisons situées dans les villes des Lévites sont leur propriété parmi les enfants d'Israël.

34 Une terre située dans la banlieue de leurs villes ne peut être vendue : elle est leur propriété inaliénable.

35 Si ton frère vient à déchoir, si tu vois chanceler sa fortune, soutiens-le, fût-il étranger et nouveau venu, et qu'Il vive avec toi.

36 N'accepte de sa part ni intérêt ni profit, mais crains ton Dieu, et que ton frère vive avec toi.

37 Ne lui donne point ton argent à intérêt, ni tes aliments pour en tirer profit.

38 Je suis l'Éternel votre Dieu, qui vous ai fait sortir du pays d'Égypte pour vous donner celui de Canaan, pour devenir votre Dieu.

39 Si ton frère, près de toi, réduit à la misère, se vend à toi, ne lui impose point le travail d'un esclave.

40 C'est comme un mercenaire, comme un hôte, qu'il sera avec toi ; il servira chez toi jusqu'à l'année du Jubilé.

41 Alors il sortira de chez toi, lui ainsi que ses enfants ; il retournera dans sa famille, et recouvrera le bien de ses pères.

42 Car ils sont mes esclaves, à moi, qui les ai fait sortir du

pays d'Égypte ; ils ne doivent pas être vendus à la façon des esclaves.

43 Ne le régente point avec rigueur, crains d'offenser ton Dieu !

44 Ton esclave ou ta servante, que tu veux avoir en propre, doit provenir des peuples qui vous entourent ; à ceux-là vous pouvez acheter esclaves et servantes.

45 Vous pourrez en acheter encore parmi les enfants des étrangers qui viennent s'établir chez vous, et parmi leurs familles qui sont avec vous, qu'ils ont engendrées dans votre pays : ils pourront devenir votre propriété.

46 Vous pourrez les léguer à vos enfants pour qu'ils en prennent possession après vous, et les traiter perpétuellement en esclaves ; mais sur vos frères les enfants d'Israël un frère sur un autre ! Tu n'exerceras point sur eux une domination rigoureuse.

47 Si l'étranger, celui qui s'est établi près de toi, acquiert des moyens, et que ton frère, près de lui, devenu pauvre, se soit vendu à l'étranger établi près de toi, ou au rejeton d'une famille étrangère,

48 après qu'il s'est vendu, le droit de rachat existe pour lui ; l'un de ses frères donc le rachètera.

49 Il sera racheté ou par son oncle ou par le fils de son oncle, ou par quelque autre de sa parenté, de sa famille ; ou, s'il a acquis des moyens, il se rachètera lui-même.

50 Il calculera, avec son acquéreur, l'intervalle entre l'année où il s'est vendu à lui et l'année du Jubilé ; le prix de sa vente sera comparé au chiffre des années, qui seront considérées à son égard comme le temps d'un mercenaire.

51 S'il y a encore un grand nombre d'années, il rendra pour

son rachat, sur le prix de son acquisition, une somme équivalente ;

52 et de même, s'il reste un petit nombre d'années jusqu'à l'an jubilaire, il lui en tiendra compte : c'est à proportion des années qu'il paiera son rachat.

53 Qu'il soit chez lui comme le mercenaire loué à l'année : qu'on ne le régente point avec dureté, toi présent.

54 Et s'il n'a pas été racheté par ces voies, il sortira libre à l'époque du jubilé, lui, et ses enfants avec lui.

55 Car c'est à moi que les Israélites appartiennent comme esclaves ; ce sont mes serfs à moi, qui les ai tirés du pays d'Égypte, moi, l'Éternel, votre Dieu !"

CHAPITRE VINGT-SIX

"Ne vous faites point de faux dieux ; n'érigez point, chez vous, image ni monument, et ne mettez point de pierre symbolique dans votre pays pour vous y prosterner : car c'est moi, Éternel, qui suis votre Dieu.

2 Observez mes sabbats et révérez mon sanctuaire : je suis l'Éternel.

3 Si vous vous conduisez selon mes lois, si vous gardez mes préceptes et les exécutez,

4 je vous donnerai les pluies en leur saison, et la terre livrera son produit, et l'arbre du champ donnera son fruit.

5 Le battage de vos grains se prolongera jusqu'à la vendange, et la vendange durera jusqu'aux semailles ; vous aurez du pain à manger en abondance, et vous demeurerez en sécurité dans votre pays.

6 Je ferai régner la paix dans ce pays, et nul n'y troublera votre repos ; je ferai disparaître du pays les animaux nuisibles, et le glaive ne traversera point votre territoire.

7 Vous poursuivrez vos ennemis, et ils succomberont sous votre glaive.

8 Cinq d'entre vous en poursuivront une centaine, et cent d'entre vous une myriade ; et vos ennemis tomberont devant votre glaive.

9 Je m'occuperai de vous, je vous ferai croître et multiplier, et je maintiendrai mon alliance avec vous.

10 Vous pourrez vivre longtemps sur une récolte passée, et vous devrez enlever l'ancienne pour faire place à la nouvelle.

11 Je fixerai ma résidence au milieu de vous, et mon esprit ne se lassera point d'être avec vous ;

12 mais je me complairai au milieu de vous, et je serai votre Divinité, et vous serez mon peuple.

13 Je suis l'Éternel votre Dieu, qui vous ai tirés du pays d'Égypte pour que vous n'y fussiez plus esclaves ; et j'ai brisé les barres de votre joug, et je vous ai fait marcher la tête haute.

14 Mais si vous ne m'écoutez point, et que vous cessiez d'exécuter tous ces commandements ;

15 si vous dédaignez mes lois et que votre esprit repousse mes institutions, au point de ne plus observer mes préceptes, de rompre mon alliance,

16 à mon tour, voici ce que je vous ferai : je susciterai contre vous d'effrayants fléaux, la consomption, la fièvre, qui font languir les yeux et défaillir l'âme ; vous sèmerez en vain votre semence, vos ennemis la consommeront.

17 Je dirigerai ma face contre vous, et vous serez abattus devant vos ennemis ; ceux qui vous haïssent vous domineront, et vous fuirez sans qu'on vous poursuive.

18 Que si malgré cela vous ne m'obéissez pas encore, je redoublerai jusqu'au septuple le châtiment de vos fautes.

19 Je briserai votre arrogante audace, en faisant votre ciel de fer et votre terre d'airain ;

20 et vous vous épuiserez en vains efforts, votre terre refusera son tribut, et ses arbres refuseront leurs fruits.

21 Si vous agissez hostilement à mon égard, si vous persistez à ne point m'obéir, je vous frapperai de nouvelles plaies, septuples comme vos fautes.

22 Je lâcherai sur vous les bêtes sauvages, qui vous priveront de vos enfants, qui extermineront votre bétail, qui vous décimeront vous-mêmes, et vos routes deviendront solitaires.

23 Si ces châtiments ne vous ramènent pas à moi et que votre conduite reste hostile à mon égard,

24 moi aussi je me conduirai à votre égard avec hostilité, et je vous frapperai, à mon tour, sept fois pour vos péchés.

25 Je ferai surgir contre vous le glaive, vengeur des droits de l'Alliance, et vous vous replierez dans vos villes ; puis, j'enverrai la peste au milieu de vous, et vous serez à la merci de l'ennemi,

26 tandis que je vous couperai les vivres, de sorte que dix femmes cuiront votre pain dans un même four et vous le rapporteront au poids, et que vous le mangerez sans vous rassasier.

27 Si, malgré cela, au lieu de m'obéir, vous vous comportez hostilement avec moi,

28 je procéderai à votre égard avec une exaspération d'hostilité, et je vous châtierai, à mon tour, sept fois pour vos péchés.

29 Vous dévorerez la chair de vos fils, et la chair de vos filles vous la dévorerez.

30 Je détruirai vos hauts-lieux, j'abattrai vos monuments solaires, puis je jetterai vos cadavres sur les cadavres de vos impures idoles ; et mon esprit vous repoussera.

31 Je ferai de vos villes des ruines, de vos lieux saints une solitude, et je ne respirerai point vos pieux parfums.

32 Puis, moi-même je désolerai cette terre, si bien que vos ennemis, qui l'occuperont, en seront stupéfaits.

33 Et vous, je vous disperserai parmi les nations, et je vous poursuivrai l'épée haute ; votre pays restera solitaire, vos villes resteront ruinées.

34 Alors la terre acquittera la dette de ses chômages, tandis qu'elle restera désolée et que vous vivrez dans le pays de vos ennemis ; alors la terre chômera, et vous fera payer ses chômages.

35 Dans toute cette période de désolation, elle chômera pour ce qu'elle n'aura pas chômé dans vos années sabbatiques, alors que vous l'habitiez.

36 Pour ceux qui survivront d'entre vous, je leur mettrai la défaillance au cœur dans les pays de leurs ennemis : poursuivis par le bruit de la feuille qui tombe, ils fuiront comme on fuit devant l'épée, ils tomberont sans qu'on les poursuive,

37 et ils trébucheront l'un sur l'autre comme à la vue de l'épée, sans que personne les poursuive. Vous ne pourrez vous maintenir devant vos ennemis ;

38 vous vous perdrez parmi les nations, et le pays de vos ennemis vous dévorera.

39 Et les survivants d'entre vous se consumeront, par leur faute, dans les pays de leurs ennemis, et même pour les méfaits de leurs pères ils se consumeront avec eux.

40 Puis ils confesseront leur iniquité et celle de leurs pères, leur forfaiture envers moi, et aussi leur conduite hostile à mon égard,

41 pour laquelle moi aussi je les aurai traités hostilement, en

les déportant au pays de leurs ennemis à moins qu'alors leur cœur obtus ne s'humilie, et alors ils expieront leur iniquité.

42 Et je me ressouviendrai de mon alliance avec Jacob ; mon alliance aussi avec Isaac, mon alliance aussi avec Abraham, je m'en souviendrai, et la terre aussi, je m'en souviendrai.

43 Cette terre restera donc abandonnée par eux, afin que, laissée par eux déserte, elle répare ses chômages, et qu'eux-mêmes ils réparent leur iniquité ; parce que, oui, parce qu'ils auront dédaigné mes statuts, et que leur esprit aura repoussé mes lois.

44 Et pourtant, même alors, quand ils se trouveront relégués dans le pays de leurs ennemis, je ne les aurai ni dédaignés ni repoussés au point de les anéantir, de dissoudre mon alliance avec eux ; car je suis l'Éternel, leur Dieu !

45 Et je me rappellerai, en leur faveur, le pacte des aïeux, de ceux que j'ai fait sortir du pays d'Égypte à la vue des peuples pour être leur Dieu, moi l'Éternel."

46 Telles sont les ordonnances, les institutions et les doctrines que l'Éternel fit intervenir entre lui et les enfants d'Israël, au mont Sinaï, par l'organe de Moïse.

CHAPITRE VINGT-SEPT

L'Éternel parla à Moïse en ces termes :

2 "Parle aux enfants d'Israël et dis-leur : Si quelqu'un promet expressément, par un vœu, la valeur estimative d'une personne à l'Éternel,

3 appliquée à un homme de l'âge de vingt à soixante ans, cette valeur sera de cinquante sicles d'argent, au poids du sanctuaire ;

4 et s'il s'agit d'une femme, le taux sera de trente sicles.

5 Depuis l'âge de cinq ans jusqu'à l'âge de vingt ans, le taux sera, pour le sexe masculin, de vingt sicles ; pour le sexe féminin, de dix sicles.

6 Depuis l'âge d'un mois jusqu'à l'âge de cinq ans, le taux d'un garçon sera de cinq sicles d'argent, et celui d'une fille, de trois sicles d'argent.

7 Depuis l'âge de soixante ans et au delà, si c'est un homme, le taux sera de quinze sicles et pour une femme il sera de dix sicles.

8 S'il est impuissant à payer la taxe, il mettra la personne en présence du pontife, et celui-ci l'estimera : c'est d'après les moyens du donateur que le pontife fera l'estimation.

9 Si c'est un animal dont on puisse faire une offrande à l'Éternel, tout ce qu'on aura voué à l'Éternel deviendra une chose sainte.

10 On ne peut ni le changer ni le remplacer, bon, par un défectueux, défectueux, par un meilleur ; si toutefois on avait remplacé cet animal par un autre, l'animal et son remplaçant seront également saints.

11 Si c'est quelque animal impur, dont on ne puisse faire offrande à l'Éternel, on amènera l'animal en présence du pontife :

12 celui-ci l'estimera d'après ses qualités bonnes ou mauvaises ; l'estimation du pontife fera loi.

13 Si la personne veut ensuite le racheter, elle donnera un cinquième en sus de l'estimation.

14 Si un homme a consacré sa maison, comme chose sainte, à l'Éternel, le pontife l'estimera selon ses avantages ou ses défauts ; telle le pontife l'aura appréciée, telle elle sera acquise.

15 Mais si le consécrateur veut racheter sa maison, il ajoutera un cinquième en sus du prix estimé, et elle sera à lui.

16 Si un homme a consacré à l'Éternel une partie de sa terre patrimoniale, l'estimation s'en fera d'après la contenance en grains : la contenance d'un hômer d'orge valant cinquante sicles d'argent.

17 Si donc il a consacré sa terre dès l'année du Jubilé, c'est à ce taux qu'elle sera acquise ;

18 s'il l'a consacrée postérieurement au Jubilé, le pontife en

supputera le prix en raison des années à courir jusqu'à l'an jubilaire, et il sera fait une déduction sur le taux.

19 Que si celui-là même qui a consacré la terre veut la racheter, il paiera un cinquième en sus du prix estimé, et elle lui restera.

20 Mais s'il ne rachète point cette terre, ou qu'on l'ait vendue à quelque autre, elle ne pourra plus être rachetée ;

21 de sorte que cette terre, devenant libre au Jubilé, se trouvera consacrée à l'Éternel comme une terre dévouée : c'est le pontife qui en aura la propriété.

22 Si ce qu'il a consacré à l'Éternel est une terre achetée par lui, qui ne fasse point partie de son bien patrimonial,

23 le pontife supputera, à son égard, la portion du taux à payer jusqu'à l'an jubilaire, et l'on paiera ce taux, le jour même, comme chose consacrée à l'Éternel.

24 A l'époque du Jubilé, cette terre fera retour à celui de qui on l'avait achetée, qui la possédait comme fonds patrimonial.

25 Or, toute évaluation se fera d'après le sicle du sanctuaire, vingt ghêra formant un sicle.

26 Quant au premier-né d'un animal, lequel appartient par sa naissance à l'Éternel, on ne pourra le consacrer : grosse ou menue bête, il est à l'Éternel.

27 S'il s'agit d'un animal impur, on pourra le racheter au taux, ajoutant le cinquième en sus ; s'il n'a pas été racheté, il sera vendu d'après le taux.

28 Mais toute chose dévouée, qu'un homme aurait dévouée à l'Éternel parmi ses propriétés, que ce soit une personne, une bête ou un champ patrimonial, elle ne pourra être ni vendue ni rachetée : toute chose dévouée devient une sainteté éminente réservée à l'Éternel.

29 Tout anathème qui aura été prononcé sur un homme est irrévocable : il faudra qu'il meure.

30 Toute dîme de la terre, prélevée sur la semence du sol ou sur le fruit des arbres, appartient à l'Éternel : elle lui est consacrée.

31 Et si quelqu'un veut, racheter une partie de sa dîme, il y joindra le cinquième en sus.

32 Pour la dîme, quelle qu'elle soit, du gros et du menu bétail, de tous les animaux qui passeront sous la verge, le dixième sera consacré à l'Éternel.

33 On n'examinera point s'il est bon ou vicieux, et on ne le remplacera point ; si toutefois on l'a remplacé, lui et son remplaçant seront également saints : il n'y aura point de rachat."

34 Tels sont les commandements que l'Éternel donna à Moïse pour les enfants d'Israël, au mont Sinaï.

Copyright © 2020 par FV Éditions
ISBN -Ebook : 979-10-299-0895-8
ISBN - Couverture souple : 9798642930458
ISBN - Couverture rigide : 979-10-299-0896-5
Tous Droits Réservés
*

Également Disponible
BERESHIT : LE LIVRE DE LA GENÈSE
SHEMOT : LE LIVRE DE L'EXODE

www.ingramcontent.com/pod-product-compliance
Lightning Source LLC
LaVergne TN
LVHW042248070526
838201LV00089B/66